重读努尔哈赤

张　研　著

人民东方出版传媒
東方出版社

努尔哈赤

努尔哈赤

努尔哈赤宝座

努尔哈赤玉玺

目录

引言

乌鸦与鲲鹏

庄子曾经描述过一种巨鸟——鲲鹏。

它的背如巍峨泰山；翼若垂天之云。它飞迁南海的时候，拍激起三千里的水浪，扶摇直上九万里的高空。

鲲鹏图南，且适南溟。

满族英雄、后被清朝尊为太祖的努尔哈赤，正如同展翅图南的鲲鹏，带领他的民族跨上了入主南方的征程。

然而鲲鹏，是庄子意念的幻化。没有人看见过它。

人们常常见到的是，乌鸦。

虽然它们盘旋的身影，粗哑凄厉的叫声，使人感到丝丝缕缕末路哀愁的不祥预兆，但这种生物却与满族的崛起乃至大清朝的建立有着真正千丝万缕的联系。

崇拜太阳、崇拜光明的上古之人，将三脚神鸦作为自己的图腾。三脚神鸦多有变衍，形成了凤系统的图腾。鲲鹏，是凤之一种。乌鸦，是原始的，也许又是终极的凤。

女真即后来的满族，崇拜神鹊、神鸦，他们是凤图腾的一支。他们的英雄努尔哈赤，使他们的民族崛起，成为了真正的凤——图南的鲲鹏。

在庄严肃穆的紫禁城金顶，人们看到的不是鲲鹏，是乌鸦。

你若到过北京，去过故宫，你总会看到有硕大无朋的乌鸦在紫禁城金顶默默地肃立，盘旋，偶尔发出一两声寥远空旷的叫声。仿佛在向历史发问，在沉思那一段久远的历史。透过历史的迷雾，凝视开辟那一段历史的满族英雄——努尔哈赤。

第一章 人生源头

明嘉靖三十八年，公元一五五九年，努尔哈赤降生在东北边陲苏克素护河畔，而他的降生并没有任何特别之处，只是无数用力睁开晶亮眼睛，好奇地打量周围世界的新生婴儿中普普通通的一个，重复着无数生命同样的过程。

努尔哈赤所属的女真族源远流长，可以追溯到几千年以前尧、舜、商、周时的息慎、肃慎，两汉时的邑娄，魏晋南北朝时的勿吉，唐五代以后的靺鞨、诸申、女真等。

其中息慎、肃慎、诸申、女真，实际是同音转声。

努尔哈赤所属女真族的先世并非直系绵延，而是代代重复式地断绝复兴。他们都曾步入过自己的辉煌。

春秋时孔子周游列国，陈国国君派人拿了一只身贯楛矢石砮的猛禽——隼，前来向孔子讨教，说是跌落宫廷的，不知何方之物。孔子接过那死隼仔细端详，缓言道：

这隼来自遥远的北方，因为楛矢为肃

慎人所造。当年周武王灭殷，九夷百蛮无不宾服，各以名产朝贡。肃慎所贡，正是石镞长一尺八寸的楛矢。武王为褒扬长女的美德，将这矢赐给了她。武王长女下嫁舜的后人胡公，封在陈。同姓赐予珍宝以示宗亲，异姓赐予贡物以树恩威。武王长女必是将此矢带到了陈国。你等可到旧库查看，或许能找到同样的楛矢石镞。

陈人依言而行，果如孔子所云。

博学多闻的孔子，知晓远在白山黑水的肃慎，和肃慎创造的灿烂文明。

《史记》也记载，肃慎早在尧舜时代就已与山戎、北发同列为北方的贡国。周更直称："肃慎、燕、亳，吾北土也。"而弓箭的制造，始于新石器时代。可知，已善造弓箭的女真族先世肃慎，其文明发展进程和水平曾与汉族相差无几。

然肃慎，却被莽莽的历史尘沙淹没了。

盛唐之时，松花江上游长白山北麓，奇迹般地矗立起一个"海东盛国"——大振国。由于开国者大祚荣被唐朝封为左骁卫大将军、渤海郡王，故以渤海为号。这就是历史上著名的渤海国。

渤海国是女真族另一先世靺鞨所建，其文明发展程度使人惊叹。

渤海国立国二百余年，版图辽阔，共五京十五府六十二州。立国之前已进入农耕社会，饲养家畜，用猪皮造衣、粮食造酒。立国后，仿照唐制建立了自己的政治经济制度；不断派贡使、留学生、商人以各种途径同唐朝交流、学习汉族先进的文化和生产技术，生产力水平飞速提高。农产品有稻、麦、粟、豆等；手工业产品有布、绸、陶、瓷、金、银、铜、铁等；城池宫室用唐式，语言文字用汉文，甚至渤海国贡使所作的诗，曾受到过唐朝著名诗人温庭筠的夸赞。

建立渤海国的靺鞨，却不是肃慎的直接后裔，他们的前身是南北朝时分布于粟末水（松花江）和黑水（黑龙江）流域的勿吉。六、七世纪时勿吉逐渐发展成为粟末、白山、伯咄、安车骨、佛捏、号室、黑水七大部。建立渤海国的便是黑水部靺鞨。这又是一个漫长的过程。

然建立渤海国的黑水靺鞨也被莽莽的历史尘沙淹没了。

唐、五代之时，肃慎、邑娄、勿吉、靺鞨的故乡出现了诸申、女真的族名。

辽将部分女真内迁至今辽阳一带，称作“熟女真”。熟女真逐渐与汉族融合。另一部分女真人仍居白山黑水松花江流域，称作“生女真”，分为“不相统属”的七十二部落，至十一世纪才形成以完颜部为主的部落联盟，开始使用铁制工具，出现贫富分化和奴隶。生女真的崛起使辽感到了威胁，多次出兵讨伐，并通过女真完颜部镇压生女真各部的反辽斗争。完颜部则借机统一了生女真各部。

十二世纪初，完颜部首领阿骨打起兵反辽，连连取胜，公元一一一五年，称帝，建国号大金。五年以后，阿骨打与北宋订立“海上之盟”，约定双方同时夹攻辽朝，得手后，长城以南燕云十六州归还宋朝；北宋将原给辽的岁币转给金国。而后，金大举攻辽，连下辽上京临潢、中京大定、西京大同，并攻下了北宋久攻不下的燕京，最终，于公元一一二五年俘虏了逃亡的辽天祚帝，灭亡了统治北方达二百余年的辽朝。紧接着，金分两路于公元一一二五年十二月～一一二六年（宋靖康元年）六月，公元一一二六年八月～一一二七年（宋靖康二年）三月，两次南下围攻北宋都城开封，尽掳包括宋徽宗、宋钦宗在内的三千名宋朝宗室、后妃、文武大臣，席卷宋都全部金银珠宝、绫罗绸缎、文物器皿、粮草辎重、扬长北去，灭亡了北宋。南宋建立后，金又不断南侵，双方交战十五年。公元一一四一年（南宋绍兴十一年）十一月，迫使南宋签订“绍兴和议”，南宋向金称臣，年纳岁贡银二十五万两，绢二十五万匹，不得收留金之逃人。宋金东以淮河中游、西以秦岭大散关为界，形成南北对峙的局面。

金朝立国二百余年，共辖有五京十四总管府（合十九路），一百七十九州府，六百八十三县，六百一十城寨关堡，疆域北自外兴安岭，南至淮河秦岭，西逾积石（今青海贵德），东至日本海。政体官制一如汉制。中央设中书、尚书、门下三省。其中，尚书省设尚书令、左右丞相、平章政事等宰相之职，尚书省下分置六部，总理全国政务。另有枢密院掌管全国军政、御史台掌管全国监察与司法等。

金朝既有相当的国力灭辽灭宋，那么，灭辽灭宋而攫取辽宋财富及先进科技使自己的经济文化再上一个台阶亦可想而知。今黑龙江流域到辽河流域广布着金朝冶铁遗址；河南、河北、山西、燕京均有金朝金银铜铁煤的采炼旧地。北宋定、磁、钧、耀诸窑在金朝恢复生产；辽朝山西雕版印刷在金朝又有进步。金朝都城中都、上京会宁、东京辽阳都是商旅往来、舟车交辏、民物云集的繁华都市。

建立金朝的女真不是靺鞨的直接后裔，更不是肃慎的直接后裔。从刚刚脱离原始社会的生女真，到强大的金朝，这又已是一个漫长的过程。

然而建立金朝的女真同样被莽莽的历史尘沙淹没了。

努尔哈赤所属的建州女真，不是肃慎、邑娄、勿吉、靺鞨、诸申、生女真的直接后裔。

他们世世代代流传着一个美丽的传说。

东北边陲矗立着一座绵延千余里、高耸入云的神山——长白山。长白山山巅冬季积雪，夏季云雾蒸腾，一望皆白。白色山巅中洼之处镶嵌着一块晶莹的碧玉——龙潭。这就是著名的火山湖——天池。天池之水自东北排闼门倾泻而出，形成了落差六十八米的长白瀑布，壮美多姿。图们江、牡丹江、松花江、鸭绿江四江均发源于此，分别注入东海（日本海）、北海（鄂霍次克海）、南海（西朝鲜湾）。

长白山天池东北六十里外有一座叫做布库里的小山，山中百花争艳，百鸟齐鸣，杉松错处，郁郁葱葱。山下有一叫做布尔湖里的水泊，清波荡漾，澄澈见底。

一日，三位仙女自空中飘然而下，来湖中沐浴。

一串串晶莹的水珠，一阵阵娇羞的轻笑，在水泊上织就了一块变幻着七彩的梦纱。那梦纱轻轻覆罩着小小的水泊，闪烁着神异的光芒。

忽然一道金光，大姐恩古伦的声音犹如美妙的琴声：

“二妹小妹，时候不早，咱们该回去了。”

随着大姐的声音，梦纱轻轻飘散，三姐妹好似三朵粉白的莲花，从水泊中缓缓升起，登岸穿衣。柔美身姿无痕的曼妙，举手投足圆润的轨迹，使天地、日月、山川痴迷而变色，幻作了一色的肉红。

肉红的、天地、日月、山川围绕着水泊缓缓旋转，形成了一个巨大的旋涡。旋涡边缘，若有若无，飞出了一只金色的鸟。那鸟掠过水泊，三姐妹才看清，它并非金色，而是一身黑亮的羽毛。三姐妹来不及赞叹，它便已展翼排虚，翱翔杳冥，消失在天地、日月的肉红之中。

小妹佛库伦发现，她的衣服上多了一颗鲜红的果子，像露珠般滚动，晶莹可爱。

“这是那神奇的鸟衔来送我的吗？”

这样想着，她捧起了那颗果子。可还要穿衣，她环顾四周，实在不忍将这果子哪怕暂时放在任何一个地方，于是便将其含在口中。

“小妹！还没有穿完吗？我们可等不及了！”二姐正古伦的声音犹如叮咚的清泉。

佛库伦一边穿衣，一边答道：“等等，就完了！”

答话之间，那颗果子在佛库伦口中轻轻一转，咕噜滑入了她的腹中。佛库伦如有所感。她看到两位姐姐已冉冉升空，急忙腾云而起。不料突然坠地。

两位姐姐停立空中，关切地问：“小妹，你怎样？”

佛库伦羞红了双颊，情急道：“我不慎吞食了神鹊衔来的朱果，自觉腹中沉重，难以升空，这便如何是好？”

二姐正古伦笑着脱口惊呼：“你，你这

是有了……！”话没说完，两片红晕亦飞上了双颊，随即用长袖掩上了笑口。

大姐恩古伦微笑着叹了口气，柔声道：“好妹妹，此乃天授妊娠，宜遵天意。我等先去，你待分娩身轻，上升未晚。姐妹就此别过。好自珍重！”

言毕，两位仙女翩然消逝在万里云天。

不久，佛库伦生了一个男孩。这男孩生而能言，见风则长。转眼已经成了一名英俊奇伟、举止非凡的青年。

佛库伦告诉儿子：“你母本系天仙，你是你母吞食神鹊衔来的朱果而孕生。你以爱新觉罗为姓，你的名字即叫布库里雍顺。你奉上天之命生来人间，为的是平定乱国，你可到那里去平而治之。”

佛库伦给了儿子一条小船，让他顺流而下，然后便凌空飞去。

布库里雍顺沿着母亲指示的方向，乘小船顺牡丹江漂流，穿过峡谷险滩，来到了牡丹江与松花江汇合处的斡朵里（今黑龙江省依兰南）地方，舍舟上岸，折柳条蒿草为椅，端坐其上。

时斡朵里地方有三姓之人，争雄争长，相互构兵，终日仇杀。这天一人去河边取水，正遇上了正襟危坐的布库里雍顺。他觉得有五彩祥云缭绕在布库里雍顺周围，转瞬化作了万道金光，晃得睁不开眼睛，遂不敢上前，转身便走。他回到三姓争斗的地方，厉声高叫道：

“住手！天已降圣人，我等犹兀自混斗么？！”

众人闻言愕然，停兵止戈，纷言道：

“圣人何在？”

那人引众人来到河边。只见五彩祥云卷舒聚散，间或放射出耀眼的金光。祥云中端坐一人，目光庄严，悲悯，慈爱，安详。众人争斗之心仿佛就在这刹那间全被化解，置于春光般融暖的气氛中，不觉同时向前施礼请教。

布库里雍顺微笑开口，声虽轻，却字字清晰，似有回音：

“我乃天女佛库伦所生，姓爱新（汉语‘金’之意）觉罗（汉语‘姓’之意），名布库里雍顺。上天生我，以定汝等之乱。”

众人大惊："此果天生圣人！万万要留住他！"

他们互相交叉握手，以为人手之轿，抬起布库里雍顺，将他迎到了三姓争斗的地方。

三姓不再争斗，将部中百里的女儿嫁与布库里雍顺为妻，共同推举布库里雍顺为主。一个新的国家诞生了。这个新的国家叫做——满洲。

这是满族代代相传、最早记录在清太宗皇太极主持编纂清太祖努尔哈赤实录中的传说。

有学者认为这不过是汉族简狄、女修吞食玄鸟之卵孕生殷商之祖契、秦人之祖大业以及朝鲜族三仙女柳花生朱蒙传说的重复。同样是三人沐浴，同样是"天命玄鸟"，降而生之。

然而重复，并不一定就是虚妄。满族的先世与其他各个民族一样，走过了共同的"知母不知父"的原始社会阶段。神鸦，是他们崇拜的凤系图腾。从佛库伦，到布库里雍顺，是他们从母系氏族社会过渡到父系氏族社会的曲折反映。

在肃慎、邑娄、勿吉、靺鞨、诸申之后，或与之交错并行，凤系图腾后裔新的一支——建州女真亦即后来的满族，崛起了。这正如千百婴儿重复着同样的过程降生。

建州女真在白山黑水之间广袤的土地，积雪的陡峭山峰，冰挂的原始森林，呼啸的寒风雪暴的环境中，男人生得高大的体格，宽阔的肩背，粗壮的双手，男人练就坚韧的性格，吃苦耐劳，勇猛顽强。

努尔哈赤的儿子清太宗皇太极，在后金天聪九年（明崇祯八年，公元一六三五年）曾特发谕旨，说明满族与女真、诸申无关，女真、诸申是“席北超墨尔根之裔”，因令“自今以后，一切人等止称我国满洲原名，不得仍前妄称”，但实际上满族发祥后直到皇太极颁发此项谕旨，其中包括努尔哈赤一世，一直沿袭“女真”的名称。

努尔哈赤所属的建州女真族，在努尔哈赤降生之前，同其他各个民族一样经历了几起几落、聚散离合的悲壮历程。

传说布库里雍顺之后数代，其子孙不善统众。某一年六月的一天，部属突然暴乱，攻破了斡朵里城。布库里雍顺全族子孙尽数被杀，仅一个幼儿凡察只身逃了出来。他从烈火冲天、血水横流的斡朵里城踉跄来到荒郊野外，而追兵却呐喊着随之逼近。

正当无路可走时，空中突降数只乌鸦，悠闲地落在凡察头上、肩上。

追兵盘桓数刻，竟唿哨一声打马回城了。原来，因乌鸦之故，他们将凡察看作了一截枯木。

这是布库里雍顺后代遭受的第一次毁灭性打击，努尔哈赤所属的建州女真族即从这幼儿凡察身后绵延发展下去。

凡察的孙子猛哥帖木儿（或称孟特穆），是史料最早记载的努尔哈赤直系祖先，即所谓“六世祖”，清朝追尊为“肇祖原皇帝”。他智勇双全，尽斩仇人子孙四十多人，报仇雪恨，重新振兴了自己的家族。

猛哥帖木儿时处元末。他本人是元朝敕封的斡朵里万户府的万户。与胡里改部的阿哈出、托温部的卜儿阏并为著名的“女真三万户”（习称“移兰豆漫”）。

元明鼎革，北边依旧。

明朝从太祖朱元璋到成祖朱棣，在东北女真族聚集地广置都司卫所。仅卫所就设置了一百八十余个。这些都司卫所的都督、指挥、镇抚、千户、百户多数由女真各部酋长充任。猛哥帖木儿、阿哈出等也在被任命之列。然而，明初故元势力的侵扰，使女真各部逐渐南迁，发展壮大后的部族相互纷争，使得东北地区已不是原来那幽暗冰凝、却相对平静的“北海”了。

机智的猛哥帖木儿率领他的部众远走他乡，避开了这块是非之地。他们沿牡丹江迁徙，移居图们江下游（今会宁）一带，先依附高丽国都统使李成桂，后李成桂自立朝鲜国王，猛哥帖木儿纳贡受封，成为朝鲜吾都里万户。二十余年里，猛哥帖木儿率所部在下门岭玉峰山下的斡木河谷农耕渔猎，英勇抗击兀狄哈人（窝集人）的南侵、倭寇的进犯，在女真各部树立了崇高的威望，被朝鲜边官视为“东北面之藩篱”。

与此同时，随着社会经济的恢复、政权的稳固，明朝加强了对东北边陲的统治。明朝以女真各部居住地和不同的社会发展水平，将其分为建州女真（居住在牡丹江流域）、海西女真（居住在松花江下游）、野人女真（居住在松花江以北、黑龙江下游，较为落后）三大部。除以都司卫所制完善对女真各部的统辖外，明成祖朱棣下大力气进行了对女真首领的招抚工作。

永乐元年（公元一四〇三年）六月，明成祖遣使朝鲜，宣布“皇帝敕谕”，表明欲招抚“女真吾都里、兀良哈、兀狄哈等……使献贡”的立场。

同年十月，建州女真胡里改部阿哈出往南京朝贡，明成祖设立“建州卫军民指挥使司”，以阿哈出为建州卫第一任指挥使。

翌年二月，钦差王可仁将明成祖朱棣的敕谕宣遍了女真聚居的东北各地。

> 今朕即大位，天下太平，四海内外，皆同一家。恐尔等不知，不相统属，强凌弱，众暴寡，何有宁息之时？今听朕言，给予印信，自相统属，打围放牧，各安生业，经商买卖，从便往来，共享太平之福。
>
> ……

在此期间，明成祖朱棣更纳阿哈出之女为皇妃，与女真人建立了姻亲关系。

阿哈出在明成祖面前力荐猛哥帖木儿，盛赞他的为人及在女真人中的威望，给成祖留下了极深的印象。成祖思贤若渴，立即派遣使臣于永乐二年（公元一四〇四年）正月往朝鲜招谕猛哥帖木儿来京。三月，又派使臣王教化等专往招抚，并令朝鲜国王协助办理。

朝鲜国王却不愿猛哥帖木儿离去，他特赐猛哥帖木儿“庆源等处管军万户”印信一颗、清心丸十丸、苏合香丸三十丸，遍赐猛哥帖木儿属下八十一人木棉布、白苎布若干匹，屡次派人婉言曲劝猛哥帖木儿“勿从朝廷使臣之命”，勿返明廷。

然明却遣使臣王教化来到朝鲜。

王教化的南面而立，向跪伏其下的猛哥帖木儿、猛哥帖木儿属下及朝鲜各官宣读了明成祖朱棣的敕谕。

成祖的敕谕表明，明朝诚心诚意愿与猛哥帖木儿建立君臣隶属关系。猛哥帖木儿若能恭敬从命，归心朝廷，亲自来朝，明朝便给予名分赏赐，不但封授官职，允与互市，而且颁赏、提供生产生活必需品耕牛、铁器、食盐以及灾荒赈济物资……同时，明朝并不强迫他们改从汉习，“打围放牧，从便生理”；并不干涉他们的内政，头目设置，“明白开写来奏”，即“一体给予名分赏赐”。

朝鲜各官紧张不安地审视着猛哥帖木儿。

猛哥帖木儿在朝鲜二十余年，屡立战功，成为朝鲜“东北面之藩篱”。猛哥帖木儿的英勇顽强、聪睿练达使他成为了女真人众望所归的一面旗帜。他若从命而返，朝鲜的“藩篱”，就会变为明朝的“藩篱”、朝鲜的目中之刺。

不能放他走。

放他走无异于养痈成患，放虎归山。只要他稍示返国之意，立即断其粮草，剿杀无余。

猛哥帖木儿却似乎浑无觉察，他从容地再拜谢恩，微笑着令属下招待使臣休息，对去留之事不置可否。

朝鲜东北面都巡问使吕称叹道：

> 故土故土呵！纵二十年离去，纵百年千年离去，又焉能不返？你我兄弟一场，待我为你把酒饯行，喝个一醉方休！

猛哥帖木儿仍然微笑：

> 未行，何饯之有？

朝鲜大护军李愉圆睁双目，咄咄紧逼：

> 你有三个必返故国的理由。第一，皇上优礼招抚；第二，故乡百端待举；第三，叶落终需归根。

猛哥帖木儿长笑道：

何为故国？故者，旧也。我已二十余年于此，此地良田美屋、一草一木均是我等以血汗垦辟筑建、浇灌种植，难道不也是故国么？如此，这三个理由，也可成为我留于此地的理由。

朝鲜各官愕然。

猛哥帖木儿接着说：

我乃故元边官，去国二十余年，朝廷已换新主，我若回归，究竟如何待我，能预料吗？

朝鲜各官想了想：

不能。

进京路程，数千里之遥。长途跋涉，师老力疲。若女真他部乘机设伏争雄，海上倭寇乘虚突入掳掠，我能抵御吗？

不能。

我粮草辎重、食盐布帛、身家性命全掌握在各位手中，各位不愿意我走，我能走吗？

朝鲜各官面露尴尬之色：

不能。

随着这一声“不能”，空气似乎缓和下来。朝鲜官员松了口气：

这么说，你是决意不走了？

猛哥帖木儿叹了一口气，微笑不语。

朝鲜国王闻讯大喜，立即派专使入明，说明猛哥帖木儿系避女真各部争斗，徙来朝鲜东北定居，已授“镜城等处万户职”，现不愿返明，请留于朝鲜，附籍当差。

他哪里知道，他是中了猛哥帖木儿的缓兵之计。

猛哥帖木儿实际上已将明朝作为强大的靠山，将拒留朝鲜的回答推给了朝鲜畏惧的明廷，却利用朝鲜君臣对其放松警戒的时机和极力拉拢的心理，从容囤积粮草，打点行装，准备返回故国。

果不出猛哥帖木儿所料，明成祖大怒，严厉斥责朝鲜国王对君不敬。不允其请，且令使臣回复朝鲜国王：

> 猛哥帖木儿是皇后的亲戚，遣人招还，是皇后的意愿，骨肉相见，人之大伦，尊国王不近人情也罢，难道连皇后的面子也不给么？

朝鲜国王震恐，急上表谢罪，表示立即督送猛哥帖木儿进京。

而猛哥帖木儿此时已在返回故国的途中。原来，早在朝鲜使臣返回朝鲜前的十几天，他便率领部众，随同王教化扬长而去了。

九月。南京。

明成祖举行盛大国宴为猛哥帖木儿洗尘。授猛哥帖木儿为建州卫都指挥使，赐印信、嵌花金带；赐其妻衣服、金银、绮帛。

猛哥帖木儿正式接受了明朝的招抚。虽有明朝撑腰，他对朝鲜仍有顾忌，故于永乐九年（公元一四一一年），将全族从斡木河彻底迁往建州卫奉州

（今吉林南辉发河流域）。明朝则随之增置建州左卫，以猛哥帖木儿为首任建州左卫指挥使，执掌卫事。

猛哥帖木儿位高权重，且家族强盛、人口众多，女真各部纷来归附。逢有紧急情况，听猛哥帖木儿号令前来议事的女真各部首领，往往多达五十余人。猛哥帖木儿本人握有一支由本部全体男丁组成的强悍军队。他自掌中军，其弟凡察掌左军，长子权豆（又名阿谷）掌右军。平时生产，战时出征。成了守护明朝东北边陲的劲旅。

永乐二十年（公元一四二二年），明成祖率大军亲征漠北鞑靼阿鲁台。猛哥帖木儿率部进京护驾，随军征战。明大军凯旋后，辽东女真人地区却屡遭鞑靼、兀良哈铁骑的报复性骚扰和蹂躏。为此，猛哥帖木儿上疏请求迁回朝鲜斡木河，得到了成祖的恩准。翌年，猛哥帖木儿率正军千名、妇幼六千二百五十口分批返回斡木河旧居农耕。同时，与明廷保持了更为密切的关系。十年间，猛哥帖木儿三次赴京朝贡。以忠顺尽力、招谕远夷归附之功，一再受到加封嘉奖。宣德元年（公元一四二六年）晋为都督佥事，赐冠带。宣德八年（公元一四三三年），晋为右都督。其弟凡察也于宣德七年（公元一四三二年）由指挥佥事升为都指挥佥事。

宣德八年加封后，猛哥帖木儿受命协助辽东都指挥佥事裴俊前往斡木河“招取杨木答兀下漫散人口”。杨木答兀系女真豪族，原为辽东开阳（今开原）千户。他屠城掳掠，裹胁开阳军民一千余口，擎家逃窜至斡木河。宣德帝下旨切责杨木答兀背叛朝廷，罪不容诛。严令追回所掠全部人口，即三岁小儿亦不例外。

十月十四日，裴俊率官兵一百五十四人，加朝鲜陪同人员，共一百六十余人抵达斡木河，屯兵于野。

十五日拂晓，突然杀声大作。

杨木答兀纠集古州女真（即七姓野人）三百余人将官军团团包围。官军仓促间起而应战，面对成倍于己之敌，血战力竭，近乎绝望。

猛哥帖木儿闻讯率所部五百余人来援，又将杨木答兀纠集的七姓野人团团包围。猛哥帖木儿矗立在要道中央，左凡察、右权豆，威严喝令七姓野人交出杨木答兀。七姓野人并不答话，拼死搏杀。猛哥帖木儿与官军内外夹攻，七姓野人大败。杨木答兀弃马登山落荒而逃。

十九日，在猛哥帖木儿和官军毫无戒备的情况下，杨木答兀率八百多七姓野人卷土重来，又突然包围了他们的营寨，纵火强攻。烈火中寨墙多处倒塌，敌军蜂蚁般涌了进来。寡不敌众。猛哥帖木儿率所部拼死搏杀，掩护明使裴俊及官军突围。

裴俊等奋力杀出，幸免于难。猛哥帖木儿和长子权豆战死沙场。次子董山及妇女儿童、印信敕书全被掳掠。唯弟凡察负伤出逃。

努尔哈赤祖族——此时已名女真建州左卫，第二次遭受到毁灭性打击。史称斡木河之变。

猛哥帖木儿之弟凡察竭力收集余部，即刻入京上奏明帝，兄长在斡木河被杀实情，乞请朝廷发兵征剿。明宣德帝遵祖训不肯轻易兴师，只两次遣使赉敕，痛责杨木答兀等背叛朝廷罪不容诛，谕令他改恶从善，归还所掠人马资财。同时任命凡察为都督佥事，统领建州左卫部众。

不久，猛哥帖木儿次子董山及长子权豆之妻在毛怜卫指挥的斡旋下被赎回。其时，建州左卫势单力薄，已无法在仇敌野人女真的威胁和朝鲜兵马的搅扰下生存。凡察、董山屡奏朝廷请求内迁。几经周折，终于明正统五年（公元一四四〇年）率残部三百余户移居至辽东浑河支流苏子河畔，与阿哈出之孙、执掌建州卫的李满住部合住。建州女真重又聚集在一起。那郁郁葱葱的呼兰哈达烟筒山和群山环绕的苏子河谷，后来成为鲲鹏展翅的起点。

猛哥帖木儿死后，建州左卫余众开始是群龙无首，至此是一龙二首，暗暗酝酿着一场纷争。

一部分人追随凡察。一部分人拥护董山。而凡察、董山分别握有建州左卫的敕印。

凡察的印，是新印。斡木河之变后，明帝因原赐建州左卫印信被七姓野人所掠，颁发新印，令凡察掌管。

董山的印，是旧印。那颗明朝原赐建州左卫的印信实在董山手中。董山从掳掠的部落中被赎回，那颗印便也回到了建州左卫。

董山时年二十二岁，威武善战、胸怀大志。他不甘屈从于叔，早在内迁之前，正统二年（公元一四三七年）袭封建州左卫指挥使时，便上奏明帝，说："旧印已获"，意在要求继任父职，执掌建州左卫。凡察得知，立即上奏求留新印，针锋相对，寸步不让。

正统三年（公元一四三八年）正月，明帝敕谕到。曰："一卫二印，于法非宜。敕至，尔等即协同署事，仍将旧印遣人送缴。"

董山并未送缴旧印，但却打破了凡察独掌卫事的局面，取得了与凡察协同署事的权力。

内迁后，正统五年（公元一四四〇年）年底，明帝见董山以旧印乃祖宗所传不肯送缴，遂令凡察交还新印，并于正统六年（公元一四四一年）将董山亦升为都督佥事，与凡察同职同衔。当然遭到了凡察的反对，凡察亦不交新印。叔侄尖锐对立，势同水火。酿成了满族历史上有名的卫印之争。

明正统七年（公元一四四二年），明朝正式将建州左卫分为建州左右卫。以董山为都督同知，掌建州左卫；凡察为都督同知，掌建州右卫。至此，建州女真分为建州卫、建州左卫、建州右卫，合称“建州三卫”。建州右卫凡察，是建州左卫董山的亲叔；建州左卫董山，求娶建州卫李满住之女；建州卫李满住，以建州左卫董山之寡嫂亦即权豆孀妇为妻。三卫同族共居，皆联络有亲或亲上作亲，成为后来满族的主体部分。

董山是努尔哈赤五世祖。分卫之后，他守职唯谨、与时朝贡，赢得了明廷的信任和支持，天顺二年（公元一四五八年）由都督同知晋为右都督，翌年再晋左都督，位于各卫首领之上。他不失时机地招兵买马，且于天顺八年（公元一四六四年）奏准明廷开设了抚顺马市。抚顺马市的开设，增强了建州女真与中原的联系，活跃了建州女真的经济，极大促进了建州女真的发展和进步。时李满住、凡察皆老病，董山兼领三卫，成了建州女真的实际首领。

明成化三年（公元一四六七年）。风云突变。

三月，明使往谕女真各部，令其入贡。四月，董山奉旨率家属及大小头人数百人“听抚来朝，贡马及貂皮”。

不料，董山等进京后被带于阙下，武士环列，戒备森严，如同敌酋俘虏。

一太监宣旨道：

> 尔等俱系朝廷属卫，世受爵赏，容尔在边住牧，朝廷何负于尔？今却纵容下人，纠合毛怜等处夷人，侵犯边境，掳掠人畜，忘恩背义。论祖宗之法，本难容恕，但尔等既能服罪而来，朕体天地好生之德，姑从宽宥。今尔回还，务各改过自新，戒饬部落，敬顺天道，尊事朝廷，不许仍前为非，所掠人口，搜访送还，不许藏匿，若再不悛，必调动大军问罪，悔将何及，其省之戒之！

刀枪剑戟重兵包围之下，董山等强忍怒火，“顿首输服”。

一出宫阙，董山手下大小头人、指挥顿时暴跳如雷、漫骂连声。

突然，漫骂之声戛然停止。空中又回荡起太监的傲慢声腔，他追了上来并展旨诵读，痛责董山等口出不逊，抗旨不遵。

董山等忍气吞声回到馆舍，发现已被口称奉旨“护送”女真首领返回的重兵包围。接着，内容相同的圣旨又到：

> 尔之先世僻居荒落，后为部落所逼，远来投顺，我祖宗怜尔失所，赐予近边地方，使尔住牧，设立卫所，除授官职，父死子代，世世不绝……我之所以加恩于尔者不为不厚，而尔之所以享有家室之乐、官爵之荣，数十年间部落莫不听尔约束，邻封不敢辄加以兵，是谁之赐欤？尔等正宜尽心竭力为我藩屏，以报大恩，乃敢悖逆天道，纠率外夷，寇我边境掠我人畜……如或执迷不悛，以前寇扰边方，朝廷必调大军征剿，悔无及矣。尔等其省之戒之！

七月二十七日，董山等一百一十五人被官兵从京师武装押解到广宁府（今辽宁北镇县城），靖虏将军总兵官赵辅令通事又向董山等宣读皇上敕谕，除再次重复相同的训责外，诏令拘留董山等，只将家属十余人放回，令其还报建州：归还所掠人口，保证永不犯边，否则大兵征剿，云云。

女真诸酋大哗，愤恨难耐。混乱中有人袖出小刀，手刃通事。官兵齐喝：

反了！反了！

女真诸酋包括馆驿中一百多女真役人各出佩刀，与官军厮杀在一处。正在这时，总兵官赵辅早已埋伏下的甲士蜂拥突出。

包括董山在内的二十六名女真人全数被俘、被囚。

九月二十四日，明朝令提督辽东军务都御使李秉、靖虏将军总兵官赵辅、都督王英统率五哨（每哨一万人）兵马分三路向建州左右卫大举剿杀。与此同时，朝鲜国王奉明帝诏旨发一万兵马分两路从东面堵截，入攻建州卫。

一场大屠杀开始了。

建州卫。李满住及其子古纳哈等三百八十六

人被斩杀，李满住之妻等男妇二十三人被俘。一百九十五座庐舍、二百一十七所积聚被焚。

建州左右卫。明军血洗呼兰哈达烟筒山。董山屯寨被焚掠一空，一千一百五十七人被杀被擒。明军攻破女真堡寨四五百座，大军过后，子女牲畜荡然无存。

初冬北海的刺骨寒风中，回荡着明军总兵官赵辅骄狂的、比寒风更加刺骨的声音：

> 一夷而见逃，剖其心而碎其脑，粉其骨而涂其膏，强壮就戮，老稚尽俘，若土崩而火灭，犹瓦解而冰消，空其藏而潴其宅，杜其穴而空其巢，旬日之内，虏境以之萧条……

董山被诛于羁所。其弟及数百名女真人被发配到遥远的东南沿海。

这是第三次。建州女真几乎遭到了灭顶之灾，所伤元气实难恢复。

董山有三个儿子。长子妥罗，次子妥义谟，三子锡宝齐篇古。

长子妥罗及其子脱原保袭掌建州左卫，他们通过与明交好的方法，在乱世中求得建州女真的缓慢恢复和发展。

数十年时间的推移，建州女真应该说是缓慢地恢复和发展了，但建州左卫却终于名存实亡——明嘉靖二年（公元一五二三年）以后，史籍再无脱原保的记载。凡察—董山家族至此中落。

建州女真各部落互不统属，长时期处于分裂、飘零的状态。

董山三子锡宝齐篇古是努尔哈赤的高祖，因非长子，失去了承袭建州卫首领的机会。锡宝齐篇古唯有一子亦即努尔哈赤的曾祖——福满。福满之后，爱新觉罗家又逐渐振兴起来。

福满生有号称“六贝勒”的六个儿子，环宁古塔而居。清朝尊其为“六祖”。“六祖”中，四祖觉昌安，即是努尔哈赤的祖父。觉昌安又有五子。努尔哈赤的父亲是第四子塔克世。当时，建州左卫各部之间支离破碎，互不相属。觉昌安以足智多谋崭露头角，与他五个勇如猛虎的儿子率领族人在仇杀中战胜了强族大部，统一了五岭以东、苏子河以西二百里的区域，被明朝封为建州左卫都指挥使，是为六祖中唯一得受明朝封职的人。但昔日爱新觉罗家族受到明廷的致命打击，往日的雄威难以恢复。

觉昌安的业绩仅此而已。

那雪练般奔流不息的苏克素护河，那“费阿拉”老城周围辽阔肥美的平原，那风吹草低见牛羊的莽莽牧场，那如诗如画的春耕、夏渔、秋收、冬猎，那泥草房的温馨农舍——窗户纸糊在外，转围火炕砌在内，屋后中空圆木的呼兰（烟筒）上轻腾着袅袅炊烟……

这些，深深印刻在幼年努尔哈赤晶亮的眼中。

他自幼常在马背上嬉戏驰骋，常用榆木制成的“斐兰”之弓较射。常同其他男女孩童一起，欢叫着掷“罗罗”（一种戏骨）玩耍，同大人们一起，崇敬地观看萨满跳神，口中“孔齐孔齐”地唱着衬歌，身形随之刚劲起舞。除此之外，他便常常喜欢一个人独自坐在山巅、马上，如醉如痴地凝望那雪练般奔流不息的苏克素护河、那费阿拉老城周围辽阔肥美的平原……

苏克素护河不见首不见尾。努尔哈赤却听父辈们讲过，它发源于巍巍的长白山西麓。

长白山、天池、四江三海、仙女神鸦、布库里雍顺、猛哥帖木儿、凡察、董山……梦一般地涌到努尔哈赤眼前。

努尔哈赤睁大眼睛反反复复做着同样的梦。

梦的清晰，使他忘记了时间，使他双眼雪亮，使他周身热血沸腾。

他喜欢沉浸在这样一种气氛里。

是的，凡察—董山家族虽然中落，努尔哈赤父辈的生活却还算殷实。努尔哈赤的父亲塔克世蓄有少量阿哈（又称包衣或包衣阿哈，亦即奴隶），娶有三个妻子。正妻喜塔拉氏名额穆齐，生三子——长子努尔哈赤、第三子舒尔哈齐、第四子雅尔哈齐和一个女儿；继妻纳拉氏名肯姐，生第五子巴雅喇；侧妻李佳氏，生第二子穆尔哈齐。不幸的是，努尔哈赤十岁那年，慈爱的额娘逝去了。塔克世正妻额穆齐的死，使继妻肯姐松了口气，但额穆齐三个未成年的孩子，却被肯姐视如眼中钉、肉中刺。特别是尚无自立能力的努尔哈赤，被肯姐说成、被惑于妇言的塔克世看成是家庭不睦、家道中衰的祸根。

在这样的气氛中，他不在乎生之境遇，不会去怨天尤人，反而以一切均为我用的胸怀和气魄，始终保持着亢奋、进取的精神。十岁出头的他，抛闪开继母的白眼和父亲的寡淡，豪迈地同伙伴们一起，策马驰向莽莽的林海、莽莽的人海。在夜晚棚居，白日挖参狩猎、采集松榛蘑菇的艰苦生活中，磨炼自己的意志；在每月两次结队赶赴抚顺马市贸易中，熟识山川地理、广交汉蒙友人、学习汉蒙文化；在渴读《三国》《水浒》的崭新生活中，开阔自己的眼界，增长自己的才干；同时，感验英雄祖先赋予自己的生命的力、感念英雄祖先赋予自己血管中奔腾着的高贵的血。

努尔哈赤这一阶段的经历，在民间有各种传说。其中最有趣的是山神爷与棒槌的故事。

每年春秋两季，是女真人挖参采山货的季节。

山里人习惯把人参称为“棒槌”。棒槌多长在陡峭的山崖上，挖棒槌的活儿既劳苦又凶险，因而女真人挖棒槌常常结伙而行。传说，当年努尔哈赤曾同七人一起挖棒槌。八兄弟不辞辛劳，进山转了半个月，却一个棒槌也未碰见。一天晚上，八兄弟在被称作杈子的窝棚里野宿。杈子又低又矮又潮湿，呼呼的北风不时透过杈子上苫的草，吹打在八兄弟蜷缩着的身上，他们愁眉不展，相对无言。突然，一阵狂风骤起，接着是一声惊天动地的震吼。八兄弟惊跃而起，往杈子外一看，只见外面蹲着一只斑斓猛虎，瞪着一双亮如灯盏的眼睛。

山里人管老虎叫山神爷，若挖参人遇上了，要照山里规矩轮流向它丢帽子，谁的帽子被叼走，谁就做它的点心。八兄弟一个接一个将帽子丢向老虎，老虎均不理睬，轮到年纪最小的努尔哈赤，只见老虎叼起他的帽子，慢腾腾地走了。努尔哈赤告别了众兄弟，跟着老虎走去。老虎带努尔哈赤爬过一座山，又一座山，最后把他带到了一座悬崖的平台上，便突然不见了。努尔哈赤环视四周，满眼是绿草红花——棒槌！

第二天，努尔哈赤领着七兄弟在这里一共挖出了八八六十四个大棒槌。

后来，满族有在院中立杆子祭祀的习俗，据说原因之一就是为纪念在长白山挖参的祖先，而那长长的木杆，则代表努尔哈赤当年挖参的索拨棍（木棍）。

明万历二年（公元一五七四年），努尔哈赤十五岁。他终不为继母所容，被迫带着十岁的弟弟舒尔哈齐，作为人质到亲外祖父王杲家为奴。

努尔哈赤的外祖父王杲是女真族传奇式的人物。他“黠慧剽悍”，“有才辩，能解番、汉语言字义”，集勇武与残暴、智慧与狡黠于一身，且兵强马壮，“九合诸酋”，号令建州三卫各部。据说建州置卫以来，“未曾有倔强如杲者”。明嘉靖年间，王杲出任建州左卫指挥使，隆庆末年升为都督，俗称阿古都督，控制了建州三卫及女真进京朝贡的500道敕书（犹如今天的经营许可证），可谓兵强财广。时建州左卫努尔哈赤的祖父觉昌安、父亲塔克世等均归附王杲麾下。觉昌安为四子塔克世娶了王杲的长女额穆齐（努尔哈赤之母），又将自己的孙女（长子礼敦之女）嫁与王杲长子阿台。而塔克世则做了王杲的部将。

但从有限的文献记载看，王杲的家世似乎同建州三卫没有渊源。有清史专家以为，他的发迹充满了暴发户的冒险与偶然。

据说王杲的父亲多贝勒，原是五女山（辽宁桓仁县西北）下的猎户，因自虎口救了海西女真哈达部首领王中，受到王中扶持，建寨古勒山（辽宁新宾县境内），做了古勒山寨的贝勒，俗称多贝勒。古勒山寨地处女真人通商抚顺、朝贡京师的要道，多贝勒以勒索渡资、倒卖皮货骤然致富，加上他精湛的猎术和武功，聚众成势，称雄一时，引起明朝边官的注意。时王中已死，其侄王台继为哈达贝勒，遥领各部。因王台忠于明朝，为边官信任，边官授意王台设计杀死了多贝勒。多贝勒之子王杲是这次劫难的幸存者。他招聚部属，在古勒山再筑新寨，重操父业，抢夺敕书，把持贡市，再度雄起，并以表面的忠顺得到明朝建州都督的头衔。建州女真纷纷归附，就连被明人称为“市夷头目”。官建州左卫都指挥使的觉昌安也与六弟宝实率领族人依附了王杲。努尔哈赤的父亲塔克世正是在这个时候做了王杲的部将，并娶了王杲之女额穆齐。据说，择婿时王杲并不满意塔克世，只为有言在先，才不得不把女儿嫁给他。

至于努尔哈赤兄弟到亲外祖父王杲家做人质为奴，则在政治联姻的女真上层中，牵涉到诸多深层的复杂关系和政治背景。

努尔哈赤的继母纳拉氏肯姐并非普通人家的女子，而是哈达贝勒王台的养女。努尔哈赤的父亲塔克世继王杲之女额穆齐之后再娶纳拉氏，无非是看中她这一身份，以保持同王杲、王台两大势力的均衡交往。额穆齐死后，塔克世不顾父子之情，一味迁就纳拉氏，给努尔哈赤以冷遇。但事情绝不限于家庭内部的矛盾。王杲与王台有杀父之仇；王杲与觉昌安父子的关系，也处于极为微妙的状态中——原觉昌安父子追随王杲，被明朝边官骂为“贼首”，此时觉昌安父子却背着王杲遣人通款边官，输诚悔罪，与明朝边将李成梁往来密切，多次与王台一起协助明朝官兵，逮捕扰边的女真人，甚至暗引官军擒拿王杲。王杲与觉昌安父子早已貌合神离。王杲令觉昌安父子送努尔哈赤兄弟寄居古勒山寨，不排除他有怜悯外孙之情，但更重要的是牵制觉昌安父子。因此，努尔哈赤兄弟迹类人质，而明人许多记载中，称努尔哈赤为王杲之奴。

这一切，努尔哈赤全然不知，年龄和阅历使他难以顾及各种复杂因素。在外祖父家得到的片刻安宁，已使他心满意足。况且，他不枉有此寄寓的经历。先天的遗传基因，加上后天的这一段耳濡目染，在他身上总能看到王杲的影子——智算过人的头脑，冒险进取的个性，以及对汉文化的追求……

但努尔哈赤就此踏入了刀山火海。

明朝对女真实行分而治之的政策，以海西女真哈达部贝勒王台压制建州王杲，并不正式向王杲授职。明边吏同时继续盘剥入市女真，收纳王杲部众。

一股数代积聚的无名怒火有如蜿蜒疾走的毒蛇，咬噬着以王杲为代表的女真人的心。明嘉庆三十六年（公元一五五七年）王杲“岁掠东州、惠安、一堵墙诸堡无虚月”；四十一年（公元一五六二年）王杲“分众入寇”，马踏辽东。剐明辽东副总兵黑春，杀明指挥王国柱、陈其孚、戴冕、王重爵、杨五美、把总温栾、于栾、王守廉、田耕、刘一鸣等。

明万历二年（公元一五七四年），也就是王杲担心建州左卫努尔哈赤祖、父帮助明朝进攻自己，而命其将努尔哈赤兄弟入质的那一年，一场更大的冲突爆发了。

一年前，明朝边吏尤清在马市验马时贪得无厌，既收取女真首领贿赂，又指女真“瘦马善价”拒其入市；同时明备御贾汝翼验放女真入市马匹时，斥责十几女真人违抗明朝，王杲因而坐骂关市，夺备御使酒，喝得大醉，摔盏拂袖而去，接着大举入犯。

明朝为了迅速平定王杲的反抗，将贾汝翼免职，派海西女真哈达部贝勒王台向王杲宣谕招抚。王杲接受招抚，与明达成协议：王杲不掠汉人畜产，汉人不受王杲逃人。

然而，万历二年（公元一五七四年），当王杲部将来力红属下奈尔秃等四人入关降明、来力红前来索人时，明备御裴承祖却背誓不给。来力红恨入骨髓，率人掠去明军五人，裴承祖大怒索人，“亦不可得”。裴承祖忖度王杲“方贡马五百匹，方物三十包”，“必不能弃其辎重，与我构怨”，遂率三百多骑兵攻打来力红寨。

王杲驰救，与来力红等同赴明营见裴承祖。裴承祖却以为其中有诈，厉声喝令左右拿下格杀。

在混战中，王杲、来力红杀出一条血路回营，转身集合部众将明军团团围住。

抚顺千总王勋等闻讯，立即抓了三十九名女真人系狱，派把总刘承奕驰援。

刘承奕亦陷重围。两日后，王杲率军攻破明营，大部官军被歼，裴承祖、刘承奕及百户刘仲文等被俘。王杲抽剑斩杀多人，恨犹未尽，直将裴承祖、刘承奕、刘仲文等剖腹剜心，惨不忍睹。

十月，辽东总兵李成梁奉旨率六万大军讨伐

王杲。

王杲退守“三面壁立，壕寨甚设”的古勒城。

据载，努尔哈赤父祖做了明军此次进剿的向导。

王杲先失地利、人和。

明大将李成梁以“诸虏方蚁聚一城，我破其巢，可坐而就缚也”，决断强攻，瞬间破城。

王杲率三百人退上城中高台。

不料又失天时——此时狂风骤起，烟尘四合。李成梁立命兵卒举火。霎时烟焰蔽天，巢焚台燎。明军乘势登台，大肆屠戮，杀一千一百零四名女真人。

王杲侥幸脱逃。明边吏扣押努尔哈赤祖觉昌安为质，令努尔哈赤父塔克世寻查王杲，又令海西女真哈达贝勒王台逮送王杲。

王杲于奔往蒙古三卫的路上，不得已潜入哈达屯寨。被哈达贝勒王台槛车送往边关，又转押北京，于槁街凌迟枭首。

建州女真重新陷于分裂，互相攻杀，势力渐衰。

这一切发生在短短的一年之中。

努尔哈赤，一个十五岁孩子的眼里，迅速叠现着女真，明军，血腥，烈焰，暴虐，毁灭，悲壮，屈辱……几乎没有时间让他思索。

古勒城城破之时，人们看到了这样一幅画面：

战争的喧嚣化为死寂。殷红的血，在漫山遍野残肢断首、插着刀矛箭镞的尸骸之间汩汩流淌，濡染着初雪。城台废墟的大火还未完全熄灭，大团大团地冒着浓烟，间或噼噼啪啪腾起黑红的火焰。天地一派赭红。惨淡的落日，像一片圆形脱色的剪纸，无声地向下坠沉。刺骨的寒风卷起雪粒尘沙，凄厉地叫着，肆无忌惮地抽打浴血的荒原。

明大将李成梁率骑军迎风默立，听任血染的战袍、残破的军旗猎猎作响，宛若铁铸的雕像。尸堆废墟中蹒跚站起两个幼小的身影，他们相互依偎着，像两只小狼，惊惧不安地呆立。是两个孩子。李成梁左右微微举首，窥测李成梁的示下。李成梁却仍然一动不动，面无表情地默视着劫后的战场。猛地，两个孩子哆嗦一下，不约而同狂奔起来。他们胸口剧烈起伏，喘着粗气，踉跄着跃过一道道烧焦了的堑壕断壁，一堆堆横陈旷野的人马僵尸，孤独无助地左右疾行，仓皇寻找求生的路径。茫然中，大孩子拉着小孩子的手，站住了，朝李成梁慢慢回过头来。李成梁面无表情端坐马上，一动不动。大孩子眼中射出辉芒，凝视着李成梁，拉着小孩子一步一步，走到李成梁马前。他继续凝视着李成梁。良久，拉着小孩子，扑通跪在李成梁马前。

大孩子即是十五岁的努尔哈赤。小孩子是他的弟弟，十岁的舒尔哈齐。

当李成梁得知那是为明军引路的觉昌安之孙、塔克世子，眼中流过一丝不易察觉的酸热，面无表情地微微摆了一下头。

左右牵过一匹小马给两兄弟。

大军肃然回师，在暮色中远逝。

杂沓的铁蹄声，洗涤出寒夜深彻的静谧。

自此，努尔哈赤成了李成梁麾下的一员小将。

史载他对李成梁“甚恭”，“谊同父子”；“每战必先登，屡立功，成梁厚待之”。

努尔哈赤也许对厚待他的李成梁本人怀着深深的敬仰与感激之情。男儿之情不轻吐，尽在血汗赤诚抛洒中。努尔哈赤几乎是如醉如痴地投身行旅，在刀光箭雨、血肉翻滚之中领略六韬玉钤、正奇阵法，增长膂力武艺才干智谋，感验死而求生的生命潜能。努尔哈赤几乎是如饥似渴地学习先进的汉族文化，置身于汉人之中，朝夕相处生死与共，使他对汉文化有了更深的认识和理解，即《三国》《水浒》在他的心中也闪耀出新的光彩。

然而，努尔哈赤没有忘记自己的身份。没有忘记自己是英雄布库里雍顺的后代。没有忘记那雪练般奔流不息的苏克素护河，那费阿拉老城周围辽阔肥美的平原，那风吹草低见牛羊的莽莽牧场，那如诗如画的春耕、夏渔、秋收、冬猎，那泥草房的温馨农舍——窗户纸糊在外，转围火炕砌在内，屋后中空圆木的呼兰（烟筒）上轻腾着袅袅炊烟……没有忘记一代代骄傲的女真人胸中淤积起来的沉重而高贵的民族情感：悲壮，不屈，仇恨。更没有忘记外祖父王杲古勒城破那一日的惨景，外祖父王杲被槛车押送北京的情景。当王杲槁街枭首之际，人们震怖地发现，那个平日温顺可爱、机灵勤快、讨人喜欢的女真小伙，脸上霎时失去了笑容和红润，变成铁打钢铸的巨人一般，眼中射出凌厉如炬的辉芒，周身散发出寒彻骨髓的阴煞之气，令人不敢靠近不敢仰视……

李成梁心中若有所动。莫非会养痈成患？

这一动念引起了李成梁的警惕之情。直到努尔哈赤感到被环境逼迫无奈，不得不逃离李成梁麾下。

不知出于什么原因，这件事的经过为官书所讳。是接踵而起的民间传闻，填补了这段历史的空白。传闻将努尔哈赤与建州女真祖先凡察传说混淆起来，突出了神鸦救主的情节。

在诸多传闻中，流传最久、最广的是“罕王的传说”。“罕王”即“汗王”，满族民间习惯称努尔哈赤为“罕王”。两年军旅生活的历练，使“罕王”一洗山野顽童的粗俗，长成了一个气度不凡、相貌英俊的男子汉。史书记载：

> 太祖凤眼大耳，面如冠玉，身材高耸，骨骼雄伟，言词明爽，声音响亮，一听不忘，一见即识，龙行虎步，举止威严。
>
> 太祖仪表雄伟，志意阔大，沉几内蕴，发声若钟；睹记不忘，延揽大度。
>
> 太祖身高八尺，智力过人。不胖不瘦，躯干壮健，鼻直而大，面铁而长。

传说，正是努尔哈赤那堂堂的仪表和他那憨气十足却又带有野味的个性和气质，牵动了与他年纪相仿的李成梁小夫人的心。

努尔哈赤被李成梁留在帐下，做了侍奉自己的书童。

一日，李成梁爱妾侍奉李成梁洗脚。惊讶道："大人足下有七颗黑痣！"

"呵呵！"李成梁仰天而笑，不无得意地说："某正因有此七颗黑痣，方至总兵之职，夫人何惊之有？"

"妾身惊奇的是帐下书童足下正有七颗红痣！"

"啊？！"

李成梁大惊失色，几乎将水盆踢翻。

原来他刚刚接到朝廷密旨：

"夜观天象，见紫微星下降，东北有天子气。着李成梁暗中访察，严密缉捕。"

不想此人即在眼前——七颗红痣分明是天子之象！他倒履而出，紧张密令属下打造囚车，准备械送努尔哈赤进京斩首。

李成梁之妾懊悔莫及，她深深喜欢这

个机智勇敢、奇伟倜傥的小书童，一直将其看作自己嫡亲子弟。原想为之邀宠，不想酿成大祸。情急之中，她悄悄把消息透给了努尔哈赤，道：

“三十六计，走为上，现在不走，更待何时？”

努尔哈赤出了一身冷汗，纳头便拜：

“夫人相救，实是再生父母。他年得志，先敬夫人，再敬父母。”

拜罢转身盗了一匹大青马，飞身上马，夺后门而出。他的爱犬紧随其后。

李成梁之妾见努尔哈赤走远，将一匹白绫挂上柳枝，含笑自缢。

李成梁找不见努尔哈赤，正自纳闷，属下忽报：

“夫人自缢！”

李成梁顿悟，勃然大怒。下令将其妾全身脱光，重打四十。（传说后来满族每年收黍子的时候，都要插柳枝，为的是感激和纪念那位为救“罕王”而在柳树上殒命的小夫人，而熄灯祭祀的习俗，则源于为小夫人避羞。）

追兵大出。

努尔哈赤奔逃了一夜，人困马乏。只听追兵杀声连天，扑将过来。万箭齐发，大青马婉转长嘶，中箭倒地。努尔哈赤抚摸着大青马汩汩淌血的伤口，泪眼模糊：

“他日若得天下，决不忘大青！”

大青。大清。爱马的满族人认为其中必有联系。

努尔哈赤失了脚力，眼看追兵已近，天无绝人之路，他发现路旁有一空心枯树，便闪身钻了进去。

此时忽然群鸦蔽天，它们盘旋鼓噪着落于树上。追兵马到，只见群鸦栖木，不见树中有洞、洞中有人，便飞驰而过。

努尔哈赤出洞躲入荒草芦苇之中，疲劳已极，昏睡过去。

追兵没有追到努尔哈赤，收兵回营前，放火烧荒。

火燎将至，烟焰甚逼。努尔哈赤却毫无察觉，昏睡不醒。

他的爱犬跑至河边，浸湿全身，然后跑回，将努尔哈赤身旁荒草滚湿，反反复复。直到看着大火在努尔哈赤周围熄灭，方力竭而亡。

努尔哈赤醒来，周围只剩下煨烬焦土和爱犬透湿的尸体。努尔哈赤大恸，指天而誓：

“今后子孙万代永不食狗肉，不衣狗皮！”

这便是满族忌食狗肉、衣狗皮、戴狗皮帽的缘由。

努尔哈赤逃到长白山中，以木杆挖野菜、掘人参为生。他仍然睁大眼睛反反复复做着同样的梦。布库里雍顺、猛哥帖木儿、凡察、董山，如今加上了外祖父王杲、大青马、爱犬……都一齐涌到他的眼前。梦的清晰，使他忘记了时间，使他双眼雪亮，使他周身热血沸腾。

他常常将手中的杆子立起来，杆上挂些东西，祭祀天，和奉天之命前来救助于他的——乌鸦。神鹊。

（后满族人的院落里，都立有一根一丈多高的木杆，称“还愿杆子”。祭祀时，要在杆子上挂些食物，多用牲畜的内脏，以备乌鸦、神鹊来食，称为神享。）

努尔哈赤怀着复杂的感情，望着那些杂乱群飞、鼓噪啄食的黑色精灵，仿佛自己也成了其中的一员，被它们簇拥着飞上苍穹，与太阳一起发出金黑墨绿的光芒。

清人编著的史乘有载：

成梁妻奇其（努尔哈赤）貌，阴纵之归。

第二章

步入青年

到了反哺的年龄 / 搅动鸦群的手 / “六祖子孙”的阴谋 / 复仇与建州女真的统一

不管怎样，大约在万历五年（公元一五七七年）左右，努尔哈赤十八九岁时，他带着弟弟舒尔哈齐离开李成梁标下，回到了建州左卫的家乡。不久，努尔哈赤娶了第一个妻子佟佳氏——哈哈纳札青。

佟佳氏的父亲塔本巴颜是个名不见经传的小人物，可知这是一桩没有任何政治背景、甚至没有父母之命的婚姻。这段婚姻无从查考，只有以下传说。

一次，努尔哈赤在山里迷了路，遇到抚顺商人佟老翁。努尔哈赤自陈父母双亡，无家可归。佟老翁见其可怜，遂将其带回抚顺家中，收为佣工。佟家虽非巨富，却也家资富饶，是个良田万晌、牛马成群的地主兼商人，家里有百十个长工短工。佟老翁却不以佣工待努尔哈赤。时而携他下乡收租，时而与他家中闲谈。时日越长，佟老翁对努尔哈赤越器重，最后将独生孙女嫁给了他。

从此以后，努尔哈赤不但姓爱新觉罗（金），也姓佟。

开国皇帝曾入赘妻家，又改变过姓氏；且佟氏并非女真人，而是世居辽东女真化了的汉人，只为后来佟家追随清朝（金）有功，才归入满族，佟氏方改为佟佳氏。因此清人对这段历史讳莫如深。但在当时，努尔哈赤却从不为自己改姓“佟”为耻，甚至起兵之初给明朝的文告中，也毫无顾忌地写着“佟努尔哈赤”。

而父亲塔克世受继母肯姐的挑唆，给了努尔哈赤一些微薄的家产，令其分居另过。

据载，努尔哈赤曾再次拿起索拨棍，进山掘人参、采山货，捕鱼、猎兽；也曾出入关市，辗转各地，佣工谋生；又曾听明朝边官征调，出征参战。

清史专家刘凤云以为，其中，努尔哈赤最热衷的是赴马市交易。

当时，明朝在开原和抚顺城外开设了镇北关、清河关、广顺关、新安关以及抚顺关等许多集市。这些集市因以女真、蒙古人马匹等土特产的贸易为主，故称“马市”。马市每月开两次，每次五至七天。马市是耕猎的女真人唯一对外贸易的场所，马市贸易即成为他们与外界联系和沟通的良机。每逢市集，一如节日。临近的乡民，以及来自山东、山西、河北、苏州、杭州等地的关内商人，熙来攘往，络绎不绝，持货聚集到用土坯筑起的市圈中进行交易。

马市是社会的窗口。努尔哈赤从这里看到种种不同的面孔，官吏的骄横与残暴，商人的贪婪与狡诈，穷民的饥寒与软弱。马市上接触到的来自四面八方的汉人、蒙古人和女真人，使努尔哈赤真正走出了以往的狭小天地。在与不同人的交往中，他的视野更加开阔，见解更加深刻，处事更加干练。在他身上，很难再找到山里人的影子；他那流利的汉语和蒙语更使人难以相信他是个女真人。

终于有一天，塔克世惊讶地发现：儿子，这个被自己随便取名为“野猪皮”（“努尔哈赤”意为“野猪皮”；“舒尔哈齐”意为“小野猪皮”）的普普通通的女真男孩，已长成了俊杰之才。

他见识非凡，通晓关内关外各民族语言习俗、地理形胜，了解明朝朝野上下、官场官军内部情形；他武艺超群，不但箭法出众，而且弓箭刀枪兼用精熟，敌人往往猝不及防，瞬间便被斩于马下；他深谋远虑，常年理论结合实践的军事演练，使他成竹在胸，“自谓有谋略”；且身边聚集了一群女真勇士，与青年英雄额亦都、安费扬古、费英东、何和理、扈尔汉结成了生死之交（这五人后来成了努尔哈赤开国倚重的五大臣）……

塔克世对努尔哈赤开始刮目相看，当即决定重新分给努尔哈赤较多的家产。

努尔哈赤怀着被理解的感动，拒绝了。

有如临风候旭的神鸦，他到了反哺的年龄。

此时，女真人又一次卷入自相残杀的旋涡。

王杲时代，建州三卫已分为建州五部（苏克素护河部、浑河部、完颜部、董鄂部、哲陈部）和长白三部（鸭绿江部、朱舍里部、纳殷部），他们本听从势力最大的王杲号令。

王杲死后，建州“各部蜂起，皆称王称长，互相残杀。甚且骨肉相残，强凌弱，众暴寡”。

无穷无尽的构怨、仇杀、焚掠、抢夺，扫荡着雪原的每一个角落。

王杲的儿子阿台、阿海难咽其父被出卖缚送、被枭首槁街的奇耻大辱，又衔冤茹恨，向海西女真哈达部王台高悬复仇之剑。

海西女真另一部叶赫部首领清佳努、杨吉努也与哈达部有杀父之仇（其父死于王台叔父王忠之手）。

西部蒙古各部本即觊觎哈达部，此时纵马称兵，杀气日缠。

建州女真内部掀轰无常的风暴之外，建州女真外部，部分建州女真又与他部他族胶着错杂在一起，形成了另一个血火狂泻的风暴中心。

与此同时，阿台、阿海当然清楚杀害父亲的元凶是谁，在混战之中屡次向明朝小示锋芒。而客观上形成的对海西哈达部的三面包围之势；阿台等与蒙古向浑河的深入：都使明朝感到了威胁。

又一个更加凶残迅猛的风暴，正在孕聚、形成。

明朝治边的既定方针正在于搅动，正在于分而治之。

万历十年（公元一五八二年）七月，海西哈达部王台“忧愤”而亡。

明朝毫不迟疑地支持王台长子虎儿罕，为的是阻隔建州女真、海西叶赫女真及西部蒙古的联手，阻止各夷可能的南侵。

擒贼擒首，明边将李成梁将矛头对准了“祸本”——建州女真阿台、阿海。

他先用旧法，令海西叶赫部清佳努、杨吉努缚献阿台、阿海。

清佳努、杨吉努却无当年王台的力量。

李成梁只能率官军亲自出马。他以官军在孤山口一名苍头军被射死、九人三马被掳去为由，挥师两破阿台部，共斩首、捕虏一千五百六十三级。

万历十一年（公元一五八三年）二月，建州女真苏克素护河部图伦城主尼堪外兰欲借明朝官军之力扩大自己的势力，向李成梁密送情报，引其攻打阿台、阿海。

李成梁就势统军大出，兵分两路，直指阿台、阿海所据古勒、沙济两城。

李成梁亲攻古勒，受到了女真人拼死的反抗。双方相峙两昼夜，李部伤亡惨重。李成梁重责尼堪外兰。

尼堪外兰惶恐之下，带少数明军前往古勒骗降。

太师有令，杀死寨主归降者，可令他为本寨寨主！太师有令，杀死寨主归降者，可令他为本寨寨主！

尖厉的喊声在城寨四周回荡。

整整两昼夜激战，以血肉之躯保卫山寨的古勒人动摇了。有人杀死寨主阿台，众人打开城门，弃戈投降。

但是，善良的古勒人没有想到，这是一场骗局。

李成梁纵兵屠戮放下武器的古勒人。最后，一把大火将古勒寨烧成了灰烬。

据载，此次蒙难的女真人达2200名。努尔哈赤的祖父觉昌安、父亲塔克世也丧身此役之中。

先前明军剿杀王杲一役，努尔哈赤的祖父觉昌安、父亲塔克世因做向导有功，被晋升为建州左卫都督和建州左卫指挥使，并领有了王杲的部分属地。觉昌安父子重新得到了其先世作为建州头领的殊荣。

然而从此觉昌安发觉自己如同蝙蝠，陷入了非兽非鸟的尴尬境地。

明朝如何能够信任他？是他觉昌安父子引明军攻破了古勒城，然而李成梁命他的儿子塔克世搜捕脱逃的王杲，却将他收为人质！

女真人如何能够容忍他？王杲被杀后，觉昌安郁郁从明朝的抚顺回到女真的建州。一到建州，即被王杲之子阿台拘执到古勒城寨。阿台并不问他的苦衷、他的心迹，只胁迫他共同扰边反明、帮阿台报杀父之仇。阿台说不为别的，只为让他自己证实他还是个女真人！觉昌安不答允，阿台便拘押不放。

阿台没有杀死觉昌安，这不单单由于他娶了觉昌安长子礼敦的女儿为妻，不愿让妻子伤心；不单单由于他们是亲上加亲——王杲的女儿嫁给了觉昌安四子塔克世，觉昌安长子礼敦的女儿嫁给了王杲的儿子阿台；更由于他们都是女真人，论辈分，觉昌安既是阿台的父辈，又是阿台的祖辈。

阿台放了觉昌安。

明军围攻古勒寨时，觉昌安与塔克世也随明军一同前来。觉昌安见明军人多势众，古勒寨势难持久，他不愿看到千万女真人丧身血海，更放心不下他嫡亲的孙女，于是让塔克世在城外守候，径自入城，想劝降阿台与明军化解干戈，搭救孙女和一城之人。塔克世在城外苦等多时，父亲、侄女全无音信。他心急如焚，也驰入城内。此时，明军已完成了铁壁合围，觉昌安与塔克世同时被困城中。

城破之时，觉昌安与其孙女一同被焚。塔克世也被明军滥杀。

闻此噩耗，努尔哈赤悲愤欲绝，不顾一切奔到抚顺，质问明朝官吏：

我祖、父无罪，何故被害？！

明廷朝野上下尽人皆知，觉昌安父子忠于明朝、恭顺唯谨。即便一向将女真人视为草芥，肆意滥杀的边官将吏也不得不感到理屈，他们暂时收敛起蛮横和骄狂，温言宽慰努尔哈赤：

汝祖汝父实为误杀。

他们将尸体交还努尔哈赤，颁给他三十道敕书、三十匹马和都督的敕书。不久明朝晋封努尔哈赤为建州左卫指挥使。

但这一切，没有、也不能打动努尔哈赤的心。祖、父之仇坠在他的心中，使他的心已变成冰冷沉重的铁块。

努尔哈赤不止一次在心中喊道：

汝等乃我不共戴天之仇也！

然当时努尔哈赤自知还没有力量兴兵伐明。他把满腔怒火都倾泻在出卖女真、欲借明军之力扩大自己势力、引其攻打阿台、阿海的苏克素护河部图伦城主尼堪外兰身上：

> 杀我父祖者，实为尼堪外兰唆使也，但得此人予我，即甘心也。

努尔哈赤不依不饶，指斥是尼堪外兰唆使明军杀了乃祖、乃父，要求明朝边吏把尼堪外兰交出来。明朝边吏态度则由软转硬：

> 因我兵误杀，已给你各种补偿，事情即算完结，却还要怎样？好不好吾誓助尼堪外兰在界凡筑城，令他做你建州女真国主便了！

威胁恫吓，只能加剧努尔哈赤心中的仇恨。明边吏的凶残、明朝对女真人的勒索屠戮，使他心中积郁已久的民族激情，终因祖、父蒙难，化作复仇烈火熊熊燃烧。

万历十一年（公元一五八三年）五月，努尔哈赤以父、祖仅留的十三副铠甲起兵，揭开了他戎马生涯的序幕。

这年他 25 岁。

历史的发展往往是这样：人们本想走进一个房间，却走进了另外一个房间。

努尔哈赤本欲先攻尼堪外兰，再攻明朝。然而，他却不得不首先开始统一女真民族的战争。

当时，女真民族分为建州女真、海西女真、东海女真（即野人女真）。

建州女真有建州部与长白部。建州部如前述包括苏克素护河部（辽宁苏子河流域）、浑河部（辽宁浑河北岸）、完颜部（吉林通化以南）、董鄂部（辽宁桓仁县附近）、哲陈部（辽宁抚顺附近）五部。长白部包括纳殷部（吉林抚松县东南）、朱舍里部（吉林临江县北）、鸭绿江部（吉林吉安县）三部。

海西女真别称扈伦四部，包括叶赫部（吉林四平）、哈达部（辽宁清河流域）、辉发部（吉林桦甸县）、乌拉部（吉林伊通县）四部。

东海女真即野人女真包括窝集部（黑龙江宁安县东北）、瓦尔喀部（吉林延吉以北）、库尔喀部（黑龙江中游、牡丹江下游一带）。

上述大小部下又有许多互不统属的部落城主，各自占地称雄。

特别是建州女真和海西女真已进入奴隶制，大部小部部落城主为了掠夺土地、牲畜和奴隶，把战争当作了自己经常的职业。

各部蜂起，皆称王称长，互相残杀。甚且骨肉相残，强凌弱，众暴寡。

明朝对付他们的办法，则如前述，分而治之，远交近攻，联大灭小，纵横捭阖，恩威并行。"顺者以德服，逆者以兵临。"

起兵之前，努尔哈赤不过是个小人物。祖、父之死，使他骤然间成为建州左卫的掌印之人，地位几乎与当年王杲相当。这不能不引发建州各部称雄者妒火中烧。而明朝欲立尼堪外兰为建州国主的传言，又成为他们孤立努尔哈赤的缘由，在他们煽动下，建州人众纷纷背弃努尔哈赤，往附尼堪外兰。

如此，努尔哈赤兴兵攻打尼堪外兰之举，不但没有得到建州各部的支持和同情，反而一开始就遭到了内部的反对与破坏。

其中最激烈的反对者，是努尔哈赤同宗同祖的诸位叔伯和兄弟，历史上称作"六祖子孙"。他们结成同盟，对神立誓，要杀掉努尔哈赤，归附尼堪外兰。

起兵之初，努尔哈赤与同尼堪外兰有仇的苏克素护河部萨尔浒寨主卦喇、诺米纳兄弟，嘉木湖寨主噶哈善，沾河寨主常书及其弟杨书等结成四寨同盟，杀牛祭天，共谋攻打尼堪外兰。

而努尔哈赤的堂兄弟“六祖子孙”龙敦却意图拆散四寨同盟，挑唆鼓动诺米纳背盟，并暗中给尼堪外兰通消息。在龙敦的运动下，诺米纳背弃盟约，按兵不动；尼堪外兰也因事先得到密报，携妻子族人一逃甲版，二逃鹅尔浑。

努尔哈赤一举攻下图伦，再下甲版，却两次扑空，未报大仇，不能不对族中内奸及背信弃义的诺米纳恨之入骨。

诺米纳有恃无恐，竟然得寸进尺，狂妄地要求努尔哈赤为他攻打他的“仇敌”东加、巴尔达二城，否则，即以“边路设阻”，不容努尔哈赤行兵相威胁。

努尔哈赤闻言愈恨。他应允攻城，但附带条件，要求诺米纳借给盔甲、器械。诺米纳不知是计，将全部器械拱手交给了努尔哈赤。于是，努尔哈赤轻而易举，将解除武装的诺米纳兄弟执而杀之，克取萨尔浒城而还。

“六祖子孙”不能阻止努尔哈赤用兵，再次聚集庙堂，立下必杀努尔哈赤的誓言。制造了一起起劫寨、谋杀事件。

一天，外出行猎的努尔哈赤回到所居的瑚济寨，发现寨子遭哈达部袭击，人畜被抢劫一空。后来，虽因勇将雄科洛奋骑将人畜追回，努尔哈赤没有受到大的损失，但他心中的愤恨和恼怒无可言状。因为是他的叔叔们、他的堂兄弟康嘉绰其达和觉善策划了这次偷袭，是他们鼓动浑河部兆佳城主里岱担当了哈达部劫寨的向导。

一夜，“六祖子孙”派来的刺客们拔掉木栅，悄悄潜入努尔哈赤的院落，眼见逼近房门。正在这时，努尔哈赤的狗发现了刺客，狂吠起来。努尔哈赤从熟睡中警醒，一跃而起，他机敏地将三个孩子藏到柜下，手执大刀高声喝道：

“何处之贼，敢来相犯？休要逃走！”

一边用刀背敲击窗棂，作出跳窗之势，却猛转身自门飞速闪出，如猛虎扑食冲向刺客。刺客未及提防，仓皇逃散。

一次又一次，“六祖子孙”派来的刺客

越寨偷袭，见努尔哈赤时刻戒备，只要有一点风吹草动，都警觉地披衣而起，手执弓箭、腰刀登高观望。刺客无计可施，只得悄悄溜走。

劫寨、谋杀接连失败，“六祖子孙”决计先剪除努尔哈赤的羽翼——与努尔哈赤最为亲善、并已做了他妹夫的嘉木湖寨主噶哈善。

努尔哈赤的堂兄弟“六祖子孙”龙敦派人乘努尔哈赤之妹不在之时，将毫无戒备的噶哈善杀于路边，藏尸匿迹。努尔哈赤闻讯，邀集族人寻尸。不料同族兄弟多与龙敦同谋，无人响应。族叔尼马兰寨主棱敦劝努尔哈赤道：

族人若不恨你，怎会杀你妹夫，万万勿去，恐被人害。

郁积的愤怒如火山般爆发了，努尔哈赤发疯似地披甲跃马，驰奔城南山岗，在高岗秃坡上弯弓盘旋，将利箭嗖嗖射向远方。

山河变色，族人震恐，无人敢应。

努尔哈赤收回噶哈善的遗骸，脱下自己的衣服鞋帽，装殓厚葬了噶哈善。

万历十二年（公元一五八四年）正月，努尔哈赤一举攻占兆佳城，生擒里岱。

六月，努尔哈赤攻克马尔墩城，捕杀了杀害噶哈善的凶手。

九月，努尔哈赤攻占翁科洛城。

万历十三年（公元一五八五年）二月，努尔哈赤进攻界凡城，大败界凡、东佳、巴尔达、萨尔浒四城联军，射死界凡城主巴穆尼。

四月，努尔哈赤征讨哲陈部，败托漠河、章甲、巴尔达、萨尔浒、界凡五城联军。

九月，努尔哈赤攻占安土瓜尔佳城，杀城主诺谟珲。随之攻克浑河部克贝欢城、哲陈部托漠河城。

万历十四年（公元一五八六年），努尔哈赤先后统一了苏克素护河、董鄂、哲陈三部。在扫清障碍之后，七月，努尔哈赤率领大军征讨尼堪外兰盘踞的鹅尔浑城。

复仇在即，努尔哈赤心急如焚。他挥师疾驰，赶到鹅尔浑，遥见奔逃的人群中，有一身穿青绵甲、头戴毡绒帽者居首。

尼堪外兰！

仇人相见，分外眼红。努尔哈赤立即拍马向前冲去。

他的马快，转瞬便单枪匹马陷入重重敌阵。

努尔哈赤身上中创三十余处，前胸被飞矢射中，箭镞穿透胸腔由后肩戳出。但他浑然不觉，拼死力战，射死八人，砍杀一人。

鹅尔浑城被攻克。狡猾的尼堪外兰却又逃入了抚顺明军大营。

努尔哈赤大怒。他近于疯狂地一连劈杀十几名汉人，又抓住六名中箭的汉人，把尚未拔下的箭镞再深深地插入他们的伤口，驱使他们负箭去明军大营传信索要尼堪外兰。

在明朝边官眼中，此时的尼堪外兰已如丧家之犬，再无利用价值。于是回话道：

尼堪外兰既入我城，岂有送出之理？你可自来杀之。

努尔哈赤恐怕上明朝的当，只派部将斋萨率四十余人前往。

但这次上当的却是尼堪外兰，他被明朝边官骗出了城。当他见到斋萨一军杀气腾腾地由远及近时，才如梦方醒转身回逃。城门如他所料已经紧闭，正无计较处，被斋萨赶上，一刀结果了性命。

努尔哈赤大仇已报。打着复仇旗号的战车，却仍隆隆向前。

万历十五年（公元一五八七年）八月，努尔哈赤派额亦都率军攻取哲陈部巴尔达城，随之亲领大军攻占哲陈部洞城，灭哲陈部。

万历十六年（公元一五八八年）九月，努尔哈赤率兵攻克完颜城，灭完颜部。

万历十九年（公元一五九一年）正月至万历二十一年（公元一五九三年），努尔哈赤兼并了长白部的纳殷部、朱舍里部、鸭绿江部。

至此，努尔哈赤统辖区域西起抚顺，东至鸭绿江，北接开原，南连清河，建州女真实现了统一。

环满洲而居者，皆为削平，国势日盛。

这一时期，努尔哈赤对明朝采取两面政策。他一面向明朝佯示忠顺、互市通好，获明都督佥事之封，后又加封“龙虎将军”，成为继哈达贝勒王台之后第二个受此封号的女真人；一面借明朝敕封号令女真，在费阿拉筑城，定国政，颁法律，自称“淑勒贝勒”（汉译“聪睿王”），暗暗积蓄力量。

第三章

部落争战

努尔哈赤共有十六个妻子。除了前述第一个妻子佟佳氏，其余十五个妻子都与战争、政治有关——或者是战利品，或者是贡品，或者是政治交易品。

努尔哈赤缔结的婚姻中，最值得记述的是与海西女真叶赫部的两桩婚姻，而且后一桩只能算是同叶赫纳拉氏孟古的婚姻和与叶赫“美女东哥”的婚约。

万历十六年（公元一五八八年），努尔哈赤三十岁。这一年他娶了两个妻子。

四月，海西女真哈达部贝勒的儿子歹商，送其妹赴努尔哈赤处完婚。

这是明朝的主意。哈达部忠顺明朝。明朝为了支持哈达部，牵制努尔哈赤，力促这段姻缘。一方面使哈达部与努尔哈赤联姻结势；一方面通过哈达部加强对努尔哈赤的控制。努尔哈赤深知明朝用意，但他正处在统一建州女真的关键时刻，更欲借此将触角伸向海西女真。于是，他作出从命明朝的姿态，亲至哈达迎亲。努尔哈赤想获得的是哈达的势力与明朝的满意，而不是新娘。后来这位哈达纳喇氏只被封为侧妃，没有为努尔哈赤生下一男半女。

九月，海西女真叶赫部贝勒纳林布禄，送其妹孟古赴努尔哈赤处完婚。

早在努尔哈赤从李成梁麾下逃到叶赫时，叶赫贝勒杨吉努即看中了胆略过人、相貌非常的他。为在女真各部相互残杀的混战中寻求可靠的帮手，杨吉努执意要将自己的女儿许配给努尔哈赤，他对努尔哈赤说：

> 我有二女，待小女长成，幸与君结秦晋之好，为君持巾栉，乃我平生之愿。

努尔哈赤与杨吉努处境相似。杨吉努提亲，正中努尔哈赤下怀。但杨吉努小女只有两岁，须“待长缔姻”。他急不可待，道：

> 何不即将大女许我？

杨吉努道：

> 我非难舍大女。君非常人，恐大女福

薄配不上君。小女姿色端丽无双，德言仪功婉娩绳矩，既有奇相，且识见不凡，安可妄与人？今妙选凤卜，乃天作之合呵！

努尔哈赤大喜，当即过聘定亲。这是努尔哈赤聘定的第一女。

此时，努尔哈赤基本统一了建州各部，作为远交近攻策略的步骤之一，迎娶了叶赫那拉氏孟古。孟古时年十五岁，努尔哈赤已是拥有六妻五子二女的大家长。但叶赫那拉氏以她的美貌、聪慧、善良赢得了努尔哈赤的心，成为努尔哈赤最心爱的佳偶。她神情散朗，清心玉映，待人宽厚真挚，从不为奉迎所喜，从不为诽谤所怒，从不接近小人，从不干预朝政，只是全心全意地侍奉努尔哈赤，虔恭中馈，如鼓琴瑟，与努尔哈赤朝夕相伴了十五年，为努尔哈赤生养了他“爱如心肝”之子——皇太极。努尔哈赤敬之如宾，爱之弥深，除却军国大事，一时一刻也不愿离开她。

但叶赫嫁女，却只是为了缓兵和牵制。从骨子里，他们已视努尔哈赤为敌。

明万历十九年（公元一五九一年），海西女真叶赫部来使。

努尔哈赤展开来书，一行行挑衅性的字句跃入眼帘：

> 叶赫国大贝勒纳林布禄致书满洲都督努尔哈赤麾下：尔处满洲，与我处呼伦语言相通，势同一国。今所有国土，尔多我寡。盍将额勒敏、札库木两地择一与我？

叶赫使臣大喇喇地站立堂下，色厉内荏地不时偷偷瞟视着努尔哈赤。

努尔哈赤毫无表情，连眼皮也没有抬一抬，只发出威严的低声：

> 回去和你主子说，势同一国，毕竟是两国。我不屑多看一眼你主子的国土，你主子也不必打我的主意。国家不比牲畜，岂能随便割裂分给他人！你等皆执政之臣，不能劝谏你主，却来向我提出如此无理的要求吗？

叶赫使臣感到一股逼人的杀气，不由颤栗着跪倒在地，口称：“嗻！”

几天后，叶赫使臣又来。这次随他来的还有哈达、辉发之使，三国公然联合起来向努尔哈赤挑战。

叶赫使臣恢复了大喇喇的神态，傲慢道：

> 前此，我主子念你是同种姻亲，允你割土称臣，是对你的恩典！你敬酒不吃吃罚酒，构怨结仇，莫怪我主子六亲不认！我大军不日将血洗贵国，贵国难道有一兵一卒敢踏上我主子的地界吗？

努尔哈赤毫无表情，连眼皮也没有抬一抬，缓缓起身……突然一道弧光，紧接着“啪！”的一声。

叶赫使臣一凛，只见桌案已被努尔哈赤砍断了一角。再看努尔哈赤仍旧巍然而立，腰间宝刀似从未出鞘。

令人窒息的沉默。

良久，努尔哈赤双目射出刺人的辉芒，一阵雷霆隆隆滚过：

> 你主子兄弟何尝亲临阵前，马首相交，摧甲血刃，经一大战耶？你四境果然遍设高墙，可以阻挡我势如洪水的雄师吗？我

父为大明所杀。大明即认错，送还尸首，
给我敕书三十道，马三十匹，又授我左都
督敕书、龙虎将军大敕，岁输银八百两、
蟒缎十五匹。你主子之父也被大明所杀，
他的尸首，你主子也曾收得回来吗？连亲
父的尸骸都未曾收得，与我说什么大话！

叶赫使臣语塞，不由颤栗着跪倒在地，口称：“喳！”与哈达、辉发两国之使仓皇退下。

明万历二十一年（公元一五九三年）正是皇太极出生的第二年，一场大决战爆发了。

九月，海西女真叶赫部首领布斋、纳林布禄纠集哈达首领孟格布禄、乌拉首领布占泰、辉发首领拜音达里，以及蒙古科尔沁、锡伯、卦尔察，长白山朱舍里、纳殷各部首领统率九部联军，会聚一处，分三路向努尔哈赤攻来。

探马飞驰。

“报！西方不见敌踪，只见群鸦鼓噪，遮天蔽日！”

“报！浑河以北敌营火如星密，饭罢即起行、进攻！”

“报！叶赫兵一万，哈达、辉发兵一万，蒙古科尔沁等部兵一万，共兵三万向我逼近！”

大军压境，势单力薄。面临覆国之灾，众皆失色。

努尔哈赤却仿佛松了一口气，他平静地吩咐：

“我军夜出，恐惊动城中百姓，待天明出兵。”

说完，竟酣然入睡。

皇太极大母衮代皇后富察氏惊惧难眠，推醒努尔哈赤：

“今九国兵马来攻，何故盹睡？是昏昧耶？抑畏惧耶？”

努尔哈赤翻了个身，含混地说：

“畏敌者，必不安枕。我不畏敌，故熟睡耳。前闻敌来，因无期时，心神不定。今敌已来，吾心安矣！睡吧，彼无故纠集九部之兵，欺害无辜之人，天岂佑之？”

古勒山。

努尔哈赤所属个个解脱蔽手护项，一派破釜沉舟、决一死战的气势。

按照努尔哈赤诱敌深入、并力一战、专打头目的部署，他们将联军引入深谷险壑。

联军到得山前，因峡路阻隘不能成列，遂首尾如一字长蛇逶迤而行。

突然，伏兵一齐呐喊，石矢滚雷般飞下，顿时鬼哭狼嚎，血头横飞。联军兵马填江而死者不知其数，后军崩溃。

接着，努尔哈赤属下百战百胜的英雄额亦都领兵突出，以一百对数万，纵横驰骋，奋力击杀。

乱军中，叶赫首领布斋驱策过猛，其坐骑竟撞木而倒，努尔哈赤手下一卒立即“向前骑而杀之”。

叶赫另一首领纳林布禄见其兄饮刃而亡，惊恸攻心。大叫一声，向后便倒，昏厥马下。

叶赫兵将大惊，“皆痛哭”。

九部联军本系乌合之众，如努尔哈赤所料：“但伤其一二头目，彼兵自走”，各部首领不顾其兵，四散奔逃。蒙古科尔沁贝勒明安慌乱中落入陷马坑，他弃鞍解衣，赤条条爬上来，抓住一匹孱马便走。努尔哈赤乘势挥师，如猛虎下山般掩杀过去。

九部联军大败，尸满沟壑。

这就是历史上有名的古勒山大战。努尔哈赤此役共斩敌四千，获马三千，甲一千，威名大震。从此，兵锋所向，势不可当。

十年后，明万历三十一年（公元一六零三年），年仅二十九岁的叶赫那拉氏一病不起。

努尔哈赤坐在床前，紧紧握住叶赫那拉氏纤细冰冷的手。

叶赫那拉氏用尽全力，抬起另一只手，放在努尔哈赤温暖的大手上，将它拉到自己的胸前，紧贴心上。她颤动着长长的睫毛，闭上眼睛，歇息了一会儿，又用力睁开眼睛，深情地凝视着努尔哈赤。

努尔哈赤轻轻抚摸着她的前胸，感觉她的心在不规则地撞击，时而衰弱，时而虚亢，时而间歇，时而纤颤。他的心也仿佛跟着她的心跳淌出一股股滚烫的鲜血。

死，一寸一寸吞噬着你的肌肤，一步一步拉着你远去。我却无力回天。天啊，为什么要让你受这样的磨难？为什么要让我受这样的磨难？

我要去了。人总是要去。我留恋，却无悔。你不必如此悲伤。你给了我一切。使我二十几岁的年华享尽了人间的荣华富贵，使我得到了人世间最真挚的爱，使我有了爱如心肝的儿子皇太极。世上再没有人比我更幸福。我满足了……

你望着我，晶莹的泪珠在美丽的睫毛上滚动。不，不要落泪。我的心会和你的泪一起摔碎！你一定还有未了的心愿。是挂念儿子和我吗？是想最后享受人生的乐趣吗？是虑及后事的安排吗？只要你一句话，我赴汤蹈火、粉身碎骨也要办到。

我自信我的丈夫，放心我的儿子。我不必挂念他们，唯有为他们自豪。人所有的我都有了，人所没有的我也已得到。我不再需要什么。我，我……我只是，我只是……

呵，是了，莫非你是思念你的家乡？思念你年迈慈祥的额娘？

叶赫那拉氏双眼倏地闪现出希望的火星。那急切的眼神分明在说：

我只要见额娘一面！哪怕只看额娘一眼……

沉默。

叶赫那拉氏眼中的火星暗淡了，熄灭了。她的脸色归于平静，现出满足而哀婉的微笑。然而泪水却像流不尽的小溪，从她一眨不眨凝视虚空的眼中无声流淌。

努尔哈赤五内俱焚。

战火的蔓延，已使他和叶赫成为了不共戴天的仇敌，十年前，正是叶赫部首领，他爱妻的哥哥纳林布禄，纠集九部联军前来犯境讨伐，企图一举吃掉他。失败后，又阳奉阴违，不断联合反对力量阻碍他的统一大业。甚至挑衅式地将立誓盟好联姻时许配给他的女子改嫁蒙古。如今，往后，在走向统一的道路上，叶赫都是一块不得不搬掉的拦路石。

然而那由于种种利害、猜疑、纷争、战火而隔膜疏远，直到临终才发现原来根本就是斩不断的、依旧炙热的亲情，努尔哈赤从爱妻双颊泛起的不祥的红晕，从爱妻双目迸发的乞望的火星，从爱妻双唇颤动的绝望的无言，确确实实感到了，被深深震撼了。

他缓缓起身，威严发令：

出使叶赫。

叶赫首领纳林布禄以充满敌意的态度对待努尔哈赤的使臣。他不准母亲去看望病危的妹妹。只派管家南太随往。

努尔哈赤暴怒，对南太雷霆般地咆哮：

你叶赫算是什么东西！我倒把你们当亲戚！天下难道有这样的亲舅家吗？先抢了我的寨子，又率九姓之国合兵攻我。你们打了败仗，不得不认罪服输，杀马祭天、歃血盟誓，口口声声愿与我联姻通好，而今你们却把我已下聘礼的女子另嫁蒙古！我妻临终想与母诀别，你们竟又百般阻挠，你们存心是与我决裂了！好哇，从此两国就是仇敌！我将讨伐问罪，占你的地，杀你的人，灭你的国！你给我滚！

南太抱头鼠窜而去。

叶赫那拉氏孟古永远离开了人世。至死，她也没有闭上美丽的眼睛。

努尔哈赤日夜痛哭，宣泄似地下令四名奴婢殉葬，下令宰杀一百匹马、一百头牛致祭，下令举行隆重的葬礼，下令将灵柩停于院中三年。翌年正月，努尔哈赤为慰亡妻之灵攻打叶赫，克璋城、阿奇兰两城，下七寨，俘两千余人……

是的，女真人同是英雄布库里雍顺的后裔。女真各部世世代代相互联姻、亲上作亲。而如今却是不共戴天的仇敌，却是一颗颗使整个民族在混战仇杀在水深火热中挣扎的祸种！这里，一切亲缘情义都无济于事。只有暴力，只有斩断亲情的马上杀伐，才能重建女真民族的大家庭。

努尔哈赤与叶赫美女东哥婚约的缔结，是在古勒山大战之后的明万历二十五年（公元一五九七年），时叶赫那拉氏孟古尚在人世。

明万历二十一年（公元一五九三年）古勒山大战，以海西女真叶赫部首领布斋、纳林布禄为首的九部联军遭到惨败。努尔哈赤之妻孟古的哥哥布斋在战场上被杀，战后叶赫请归还布斋之尸，努尔哈赤残忍地“割其半归之”。孟古的另一个哥哥纳林布禄受到巨大的刺激与耻辱，昼夜啼哭，不吃不喝，竟衔恨而亡。

明万历二十五年（公元一五九七年），海西女真以叶赫部为首的扈伦四部，慑于努尔哈赤之威，遣使建州，欲与努尔哈赤联姻盟好。来使道：

> 我等不道，兵败名辱，自今以后愿复缔前好，重以婚媾。

叶赫部布斋三子布扬古情愿将妹，亦即努尔哈赤之妻孟古的外甥女，送给努尔哈赤为妻；而布斋、纳林布禄之弟金台石，亦即努尔哈赤之妻孟古的又一位哥哥，情愿将女许给努尔哈赤次子代善为妻。

努尔哈赤十分重视这件婚事。因为这件婚事表明海西女真以叶赫部为首的扈伦四部承认了努尔哈赤称雄女真的地位。

他郑重地以鞍马、甲胄等物作为聘礼送往叶赫。并杀牛宰白马与四部歃血会盟。

四部对天盟誓：

> 自此以后，若不结亲和好，似此屠牲之血，蹂踏之土，剐削之骨而死。

努尔哈赤的誓言则为：

你等应此盟言则已，不然，我待二年，果不相好，必统兵伐之！

叶赫部布扬古许给努尔哈赤的他的妹妹，便是名扬遐迩的叶赫美女东哥。

没有人能描述出她那勾魂摄魄的美。

在努尔哈赤之前，东哥已两许于人。

明万历十九年（公元一五九一年），海西女真扈伦四部之一哈达部贝勒歹商慕东哥艳名，首先向叶赫提亲。东哥的父亲叶赫部贝勒布斋和她的叔叔纳林布禄应允了这桩婚事，让歹商前来迎娶。

但这是在扈伦四部纷争的背景之下。

歹商没有料到这是一场骗局。

东哥没有料到父亲和叔叔将自己作为了钓饵。

歹商在迎亲途中被叶赫伏兵乱箭射死。叶赫部贝勒布斋和纳林布禄从此坐稳了海西女真扈伦四部的头把交椅。

明万历二十一年（公元一五九三年）古勒山大战之前，扈伦四部会盟与努尔哈赤抗衡。其间，扈伦四部之一乌拉部贝勒满泰向叶赫提亲，欲为其弟布占泰聘娶东哥。东哥之父布斋，为巩固四部联盟，接受了乌拉部的聘礼，许诺了这门婚事。东哥的婚姻第二次成为政治工具。

当年九月，布占泰以叶赫女婿的身份，率三千乌拉兵参加了九部联军。不料，古勒山一战当了俘虏，被留居建州三年，明万历二十四年（公元一五九六年）七月方返回乌拉，不及迎娶，转过年来，东哥之兄布扬古又将东哥许给了努尔哈赤，不但接受了努尔哈赤所下聘礼，而且与之盟誓！

事不过三，这已是东哥第三次政治婚约、第三次要被当做商品而出卖。

这年东哥十五岁，是一个处于花季年龄、情窦初开的少女。但她更是一个人，一个有血有肉有爱有憎有情感的人！

据说东哥曾见过布占泰，为布占泰的一表人才所打动。痴心、炽烈的少女的爱，和对努尔哈赤杀父之仇不共戴天的恨交织在一起，使柔弱的东哥做出了极其刚烈强硬、足以震慑天地鬼神的反抗。她发誓不嫁，斩钉截铁道：

如若相逼，情愿一死！

她对婚姻看得透了，已万念俱灰。声声字字泣泪泣血：

> 谁若杀死努尔哈赤，报得我父深仇大恨，我便嫁谁……

布扬古面对自己的妹妹，一个弱女子的所作所为，产生了什么样的愧疚和激愤之情，史无记载，不得而知。

只是不久，叶赫部便撕毁了与努尔哈赤订立的婚约，金台石将女儿嫁到蒙古，布扬古为东哥向扈伦各部以杀死努尔哈赤为条件征婚。

叶赫部悔婚，引起建州女真上下的愤恨。

努尔哈赤却不置可否，既不退婚也不强娶。他不是贪恋女色之人，明了政治婚姻的个中奥妙。

至于叶赫美女东哥，有政治婚姻认识的努尔哈赤仿佛料到了她的结局，为“红颜祸水”的说法不经意般地作了一个注脚，道：

> 此女之生，非同一般者，乃为亡国而生也。

沉重而不祥的谶言，被后来历史证明不幸而言中了的谶言。

如果说，人世间有七种武器，那么，第八种武器是婚姻。

努尔哈赤本人同样老于此道。起兵之初，他将妹妹嫁给自己最忠诚的追随者嘉木湖寨主噶哈善。后来，他将族妹、女儿、孙女分别嫁给额亦都、费英东等开国元勋，用婚姻这种胜过一切的血缘关系建构起坚实的整体。

明万历二十七年（公元一五九九年）五月，海西女真扈伦四部的叶赫部进攻哈达部。哈达部歹商幼弟贝勒孟格布禄将三个儿子送到建州为质，求努尔哈赤出兵相助。

努尔哈赤派大军驰援。

叶赫部闻讯，即派人送信给孟格布禄，说只要孟格布禄执杀建州援军将领士兵，叶赫便与之重修前好，甚至允诺嫁给孟格布禄“所求之女”。

孟格布禄“所求之女”不是别人，正是东哥。

孟格布禄意外地发现，天下掉下了一个馅饼，自己将不费吹灰之力得到无数女真男人朝思暮想、明抢暗争、可望而不可即的尤物！他顿时满口答应，约叶赫贝勒到开原，密谋行事。

孟格布禄的背信弃义，激怒了努尔哈赤，但又正中他下怀。因为在他的筹划中，进攻哈达是时候了，孟格布禄恰于此时提供了进攻的口实——东哥，是他努尔哈赤下聘定约的女人。

九月，努尔哈赤亲率大军抵哈达城下，经过六昼夜血战，攻克哈达。

由于哈达部一贯忠于明朝，得到明朝支持。努尔哈赤没有立即杀死孟格布禄，反而亲自为他松绑，赐予貂皮裘帽，还将自己的女儿莽古济嫁给他。然而，孟格布禄只做了半年女婿，便被努尔哈赤找个借口杀了。

明边吏震怒，声称将停止努尔哈赤的年例赏银。努尔哈赤为缓和与明朝的关系，一面佯向明边吏悔过，答应归还哈达民户和孟格布禄次子；一面将原嫁给孟格布禄的女儿莽古济，又嫁给了孟格布禄的长子武尔古岱，使武尔古岱继续留在建州费阿拉城为婿。武尔古岱与乃父孟格布禄的命运一样，没有多久，便被努尔哈赤找个借口囚禁起来。

明朝边吏闻讯，强迫努尔哈赤立下辅佐武尔古岱镇守哈达的誓言，将武尔古岱送回。然努尔哈赤转身便背弃誓言，趁哈达荒年武尔古岱求救之机，将其吞并。

下一个轮到了辉发。

海西女真扈伦四部的辉发部，成了努尔哈赤与叶赫部的争夺对象。

辉发部贝勒拜音达里，是杀了自己七个叔父自立的。族人部众为避祸纷纷逃离，投靠叶赫部。拜音达里将本部七名寨主之子送到建州为质，求努尔哈赤出兵，向叶赫索要逃众。

努尔哈赤随即出兵。

叶赫闻讯，即派人送信给拜音达里，说只要拜音达里撤回赴建州的人质，叶赫便送还辉发部逃众。

拜音达里信以为真，不但撤回赴建州的人质，还将自己的儿子送到叶赫为质。叶赫却并不履行诺言，拒不归还辉发部逃人。拜音达里只得老着脸再求努尔哈赤。

努尔哈赤为分裂扈伦四部，二次应允出兵。并又利用婚姻法宝，将已许配部将常书的女儿，改聘拜音达里。

叶赫部则又抬出了东哥，以将东哥嫁给拜音达里为诱饵，换取拜音达里对努尔哈赤的背弃。

又一个神魂颠倒的东哥崇拜者。拜音达里不惜重蹈哈达部贝勒孟格布禄的覆辙，私自撕毁了与努尔哈赤女儿的婚约。一面一次次借故推迟婚期，一面加紧布防，准备迎战努尔哈赤。

悔婚、夺爱。努尔哈赤立刻抓住了进攻口实。

明万历三十五年（公元一六〇七年）九月，努尔哈赤派人假扮商贾混入辉发城内，然后里应外合，一举攻入城中。拜音达里死于战火。辉发灭亡。

乌拉成为努尔哈赤的又一个目标。

努尔哈赤与海西女真扈伦四部乌拉部的关系十分微妙，除了乌拉部首领布占泰与努尔哈赤先后聘得同一位叶赫美女东哥外，双方交往均娴熟地运用了婚姻武器。

布占泰于古勒山大战被俘、囚居建州三年间，努尔哈赤将弟舒尔哈齐之女、自己的亲侄女额实泰许给布占泰。这是建州与乌拉的第一个婚约。布占泰回乌拉两年后，率三百人赴建州迎娶额实泰，使这一婚约变成了事实。

明万历二十四年（公元一五九六年）七月，布占泰回到乌拉，承袭被杀之兄满泰成为贝勒。十二月，他亲送妹妹滹奈给舒尔哈齐为妻（这样，舒尔哈齐既为他的岳父，又为他的妹夫），以示厚结建州，感念努尔哈赤不杀之恩。这是建州与乌拉的第二个婚约。

无怪当年东哥美女识英雄，布占泰是个有抱负、有能力的女真男人。在他的治下，乌拉部实力与日俱增，几年大变样，跃居女真强部。海西女真部众纷纷归附。布占泰并开始号令毗邻的东海女真。对建州、蒙古、叶赫列强，布占泰则均予以“厚结”，小心翼翼地保持不偏不倚的态度。

特别是对努尔哈赤，在此期间，布占泰与之两次联姻。布占泰将其兄满泰的女儿、自己的亲侄女阿巴亥，嫁与努尔哈赤。又求得努尔哈赤同意，由自己再娶舒而哈齐的另一个女儿娥恩哲，与建州女真四结婚姻。

明万历三十五年（公元一六〇七年）五月，东海女真瓦尔喀部蜚优城众欲背叛乌拉、投靠建州。

努尔哈赤派弟舒尔哈齐、长子褚英、次子代善及费英东等率三千军队接应归顺的五百户蜚优城众时，布占泰锋芒小试，派一万大军阻截，在图们江畔乌碣岩与之发生大战。

三千建州军以雷霆万钧之势击溃一万乌拉兵，“斩三千级，获马五千匹，甲三千副”，打开了通往东海女真的大门。

布占泰胆战心寒，缩了回去。为重修旧好，再次求婚建州，并发誓如得努尔哈赤之女为妻，将永依赖建州而生。

努尔哈赤眼都不眨，即刻将亲生女儿穆库什嫁给了他。

两部缔结了第五次婚姻。

叶赫部没有理由不感到恐慌。他们又打出了东哥这张王牌，表示要与布占泰重续前缘。

也许是布占泰通过乌碣岩之战，竟已看出乌拉崛起、复仇无望，因东哥之事重提，他胸中蕴聚了十几年的一切复杂情感，突然如火山般爆发。

当叶赫部将东哥的嫁妆送到乌拉后，布占泰由对建州三妻的疏远，变为憎恶。甚至一改往昔的温顺而为狂暴，像对一般犯错之人那样，用骲头箭射击娥恩哲的后背。

努尔哈赤又获得了进攻乌拉的口实。

明万历四十年（公元一六一二年），努尔哈赤亲率三万大军征讨乌拉。

大军疾行八天，入乌拉境内，沿乌拉河（今松花江）连下六城。驻马河边与乌拉军隔河对峙。

三天。战马打着响鼻，铁蹄轻刨地面，急切等待着进攻的号令。血气方刚的皇太极与四哥莽古尔泰，还沉浸在连下六城的兴奋与激动中。他们求胜心切，莽撞地闯到父汗马前，请求渡河出击，一举剪灭乌拉。

努尔哈赤望着滔滔的乌拉河，像是自语：

河面取水之人，如何才能知道水的深浅呢？

他勒马转身，面对两个雄姿英发的虎子，眼中爱怜之情一闪即过，威严简洁地说：

乌拉与我国势均力敌。欲一举取之，谈何容易？譬如伐树，必以斧斤斫其旁根侧枝，使其渐至微细，然后能折。

努尔哈赤令他们率军四外焚掠乌拉粮草。三天，又下乌拉六座城寨，毁城焚粮。

乌拉遭到惨重打击。

布占泰三派使者去讲和，努尔哈赤不见。

最后，布占泰亲率六名大将乘独木舟，欲渡乌拉河求见。

身材魁梧的努尔哈赤身着几个人都抬不动的盔甲（现藏沈阳），手持百步穿杨的硬弓（仅矢即长达四尺），胯下白马，径自步入齐胸的乌拉河，巍然矗立于河之中流，犹如铁打钢铸的一尊天神。他怒斥蜷缩在独木舟上的布占泰忘恩负义，背信弃义，胆敢虐待建州三妻、再打东哥的主意！他命令布占泰即刻将人质送往建州，以保证不再与建州为敌。

布占泰只能唯唯从命。

但这不过是缓兵之计。

努尔哈赤回师后，布占泰没有将人质送往建州，反而咬牙将儿子绰其鼎、女儿萨哈廉及十七个寨主的儿子送往叶赫为质。与之同时，并囚禁了建州两妻——舒而哈齐的两个女儿额实泰与娥恩哲。

努尔哈赤如何能够容忍？明万历四十年（公元一六一二年）正月，再次举兵往征。

乌拉、建州两军六七万人在富尔哈城决战。

乌拉灭亡。

布占泰败投叶赫。令人扼腕叹息的是，叶赫贝勒东哥之兄布扬古以布占泰失国无用，没有将东哥嫁给他。

布占泰寄人篱下，郁郁而亡。

明万历四十三年（公元一六一五年），叶赫贝勒东哥之兄布扬古将三十三岁、待嫁二十余年、此时人称“叶赫老女”的东哥嫁给了蒙古首领。

努尔哈赤闻知此讯，沉思不语，唯有眼中变幻着复杂的神情。良久，方沉言道：

无论此女聘于何人，其寿均将不永。

毁国已终，构衅已尽，死期将至也。

一年后，“叶赫老女”东哥，病死在蒙古荒原。

然而，以叶赫那拉氏孟古和东哥之仇为口实，努尔哈赤发起了与海西女真叶赫部的决战。

万历四十七年（公元一六一九年）正月，努尔哈赤以“不克平叶赫，吾不返国”的誓言，率倾国之师征讨统一大业最后一个顽抗者叶赫。数月间踏平叶赫大小二十余城。

八月十九日，努尔哈赤率大军进抵叶赫城。

二十二日晨，皇太极等四大贝勒领兵团团围住了布扬古所据的叶赫东城。

日出之时，努尔哈赤亲自指挥的另一路后金兵包围了金台石所据的叶赫西城。

叶赫西城又称叶赫山城，依山而建。共有一道木栅，四道城墙。城内外大壕三道。“控弦之士以万，甲胄之士以千计，刀剑矢石滚木甚具。”禁城中是一座八角高台，用以置妻子资财。

后金军焚毁栅城，攻破外城。

金台石率叶赫军据险顽守内城。

激战。

叶赫守军从城上隆隆掷下巨石、滚木、火器。

后金军二三十人一排拥盾列梯呐喊着奋勇冲锋。重甲之上罩着棉甲的勇士冲在前面，披轻短甲的射手紧跟其后、雨雹般地发射箭矢。他们一直冲到城下，在混战中挖地置药炸城。

烈火浓烟之中，城墙倒了。后金兵蚁蜂般地涌入城内。

巷战。

执旗的传令兵飞骑驰遍全城，传递努尔哈赤的军令：

毋得妄杀叶赫军民！毋得妄杀叶赫军民！

执努尔哈赤黄伞盖的特使，随之飞骑驰遍全城，传运努尔哈赤的汗谕：

降者免死！降者免死！

叶赫兵民纷纷出降。

金台石携妻子仓皇退上禁城八角高台，对喝令其投降的围兵道：

我已战败被困于此，再战亦难取胜。你四贝勒是我妹所生，见他一面，听他一句话，我便下来！

金台石是想拖延时间等候明朝援军，还是想借叙骨肉之情嘲讽谴责努尔哈赤使他难堪，不得而知。也许二者都有。

不管金台石打的哪种算盘，努尔哈赤全都不在乎，藐而视之。他下令调回围攻东城的皇太极，命其去见金台石。

他完全相信皇太极有头脑、有能力处理和解决任何政治难题。

当皇太极无所畏惧、真的来到金台石所据的高台之下时，金台石反而有些慌了手脚。他声称与外甥四贝勒没有见过面，不知来人是真是假。

后金额驸费英东对金台石喊话道：

你见常人中有我四贝勒这样魁梧奇伟的吗？你国使者难道不曾对你说过吗？有什么难以识别的呢？况过去议和之时，我国曾有一妇做了你子的乳母，你不会叫她来认认吗？

金台石改口道：

叫她来又有何用！我要我外甥来，是想听他一句说收养我的善言。从这孩子表情口气看得出，他父努尔哈赤没有令他善待我，不过是想把我哄下来杀死而已。既要杀我，还下去做什么！我石城铁门都失守了，战也无济于事。只我祖、父世居此地，我生于此地长于此地，今日死于此地罢了！

皇太极凛然开口，威严甚于其父：

你劳民伤财，经营数年，所筑重城今皆被摧，处此孤台又欲如何？你把人哄骗至此，无非是幻想出现奇迹、形势逆转，你的如意算盘打错了！我们怎会听从你的摆布！你说什么若与我和谈，得我一句保证你生命安全的誓言便下来，我难道不能一战而把你活捉下来吗？凭什么一定要与你和谈、同你盟誓呢？你要见我，我已在此。你下来，我引你去见父汗，生杀唯父汗之命。况且，你当初不是欲将亲戚斩尽杀绝、食其肉饮其血吗？我屡欲和谈，遣使你国二三十次，你却把我等诚意当做是软弱可欺，以为我等是惧而求和，杀我使者或拘留之。你已成了我女真族的罪人。今日倾覆之祸完全是你咎由自取。若父汗杀你，绝不为过。若父汗不念旧恶，看我的面子，也不是没有饶你不死的可能！

金台石理亏词穷但仍重复前言拒不下台。

皇太极道：

舅舅曾说我来即下，我这才前来。要下即速下，我引你去见父汗。否则恕不奉陪了！

在强大的军事攻势和强大的政治攻势下，金台石终被攻灭。叶赫东西二城相继落入努尔哈赤之手。叶赫灭亡。

在统一海西女真的过程中，努尔哈赤没有忘记对东海女真即野人女真的征服。

明万历二十六年（公元一五九八年）正月，努尔哈赤命长子褚英、幼弟巴雅喇与费英东等统兵一千，首征东海女真即野人女真瓦尔喀部安褚拉库路。攻取二十余屯寨，所属人民尽皆归顺。

明万历三十五年（公元一六〇七年）五月，以东海女真瓦尔喀部蜚优城众背叛乌拉、投靠建州为契机引发的乌碣岩大战中，努尔哈赤获全胜。遂命幼弟巴雅喇及额亦都、费英东、扈尔汉率兵千众，往征东海女真窝集部，攻取赫席黑、俄漠和苏鲁、佛讷赫托克索三路，俘二千人而还。

从此，努尔哈赤“威行迤东诸部”，乌拉再“不敢窥望其去留，兵锋所指，莫敢谁何”，东海诸部望风归附。

明万历三十七年至四十三年（公元一六〇九年至一六一五年），努尔哈赤屡次命其子阿巴泰及额亦都、扈尔汉等人率兵剿抚并用，攻克或招抚了东海女真窝集部所属滹野、那木部鲁、绥分、宁古塔、尼马察、乌尔古宸、木伦、虎尔哈、雅揽、西临等路，扎库塔、东额黑库伦、顾纳喀库伦等各城。

明万历四十四年（公元一六一六年）七月，努尔哈赤命达尔汉、扈尔汉、安费扬古等率兵二千，征黑龙江中游的东海女真萨哈连部。于兀尔简河

“刳舟二百，水陆并进，取河南河北诸寨三十六处”。随即乘冰封黑龙江江面之机，率兵过江，攻取萨哈连部寨子十一处。然后又招抚了使犬、诺洛、石拉忻诸路。

不久，努尔哈赤再派兵征讨黑龙江下游和库页岛及附近岛屿，该地各部相继归顺。

努尔哈赤由祖、父十三副遗甲起兵，用了三十多年的时间，统一了建州女真、海西女真以及野人女真的大部，基本上结束了女真社会长期分裂、割据、动乱的局面，推动了女真社会的发展和满族共同体的形成。

史载：

> 自东海至辽边，北自蒙古嫩江，南至朝鲜鸭绿江，同一言语者俱征服。是年诸部始合为一。

第四章

称汗后金之路

明万历四十四年（公元一六一六年），努尔哈赤建金国，称“天命覆育诸国伦（部）庚寅汗”，简称天命汗，年号天命。后以区别于前代，称“后金”。“后金”非努尔哈赤始建国号。

努尔哈赤在统一女真的过程中，地域不断扩大，人口日渐增多，迫切需要建设一套较为完善的统治机构和管理组织，以提高并巩固自己的地位和权势。他曾先后采取过以下一系列政权建设的措施。

兴筑城池

明万历十五年（公元一五八七年）努尔哈赤起兵后，居于费阿拉城（俗称旧老城）。努尔哈赤在此“筑城三层，兴建衙署、楼台”，作为他指挥的据点。

城寨背靠着呼兰哈达烟筒山。平平的山顶上耸立着一根石柱，宛如农家屋顶的烟筒。缭绕的云雾便似烟筒中静静喷吐的缕缕炊烟。城寨两侧是硕里河和加哈河。两河夹城而过，注入城寨对面的苏克素护河。三河之水轻盈地奔流，灌溉着两岸肥沃的良田……

费阿拉城不过是个小小的山寨山城，但已有神殿、鼓楼、楼宇、客厅、阁台以及仪仗出入的城门等象征权力的建筑格局。

城寨分为三层：第一层为栅城，以木栅围筑的城垣，内有两处居所，一为努尔哈赤居住，一为其弟舒尔哈齐居住；第二层为内城，以木石夹筑的城墙，是努尔哈赤亲属所居；第三层为外城，以木石黏土筑成，高十余尺，周围约十里，是努尔哈赤的部将、军士、工匠等居住，全城居民近千户。

明万历三十一年（公元一六〇三年），努尔哈赤以费阿拉城狭小简陋，取水不便，迁到八里外苏子河与嘉哈河交汇处东岸的赫图阿拉，“因山为城，垒土为郭”，筑赫图阿拉城（辽宁新宾，俗称老城）。后进一步扩建，规模远远超过了费阿拉城。

史载：

> 赫图阿拉内城高七丈，杂筑土石，或用木值横筑之城上，环置射箭穴豆，状若女墙，门皆用木板。内城居其亲戚，外城居其精悍卒伍，内外共居人家约二万余户。

北门外则铁匠居之，专治铠甲。南门外则弓人、箭人居之，专造弧矢。东门外则有仓廒一区，共计一十八照，每照各七八间，乃是贮谷之所。

努尔哈赤即在赫图阿拉城称汗。

从此，赫图阿拉城成为努尔哈赤的第一座都城，是其管辖地区的政治、军事、经济、文化的中心。

后来，努尔哈赤对明朝的征战中，在萨尔浒大胜明军，随之迁都赫图阿拉以西一百二十里界凡城。一年后，再迁至界凡城西四十里的萨尔浒城。不到半年，三迁至辽阳城。最后，明天启五年、后金天命十年（公元一六二五年），努尔哈赤迁都沈阳，建筑起巍峨壮丽的紫禁城（沈阳故宫）。

这紫禁城和城中的大政殿，成了努尔哈赤帝业的象征。

创建八旗制度

女真人原有行师出猎的牛录组织。史载：

女真传统凡遇行师出猎，不论人之多寡，照依族寨而行，满洲人出猎开围之际，各出箭一枝，十人中立一总领，属九人而行，各照方向，不许错乱，此总领呼为“牛录额（厄）真”（“牛录额真”为满语音译。“牛录”意为“大箭”；“额真”意为“主子”）。

明万历二十九年（公元一六〇一年）左右，努尔哈赤以女真传统的牛录为基础，按军事编制创建后金耕战合一的社会军事组织，初置四旗——黄旗、白旗、红旗、蓝旗，明万历四十三年（公元一六一五年）十一月，又增置镶黄、镶红、镶蓝、镶白四旗，合为八旗，正式在女真传统牛录制的基础上建立了八旗制度。

努尔哈赤之子皇太极即位后，将降附的蒙古、汉人分编八旗蒙古与八旗汉军，以原八旗为满洲八旗。入关后八旗依防地分为京师八旗与驻防八旗。顺治年间多尔衮被罪后，其所辖正白旗收归皇帝自领，加上皇帝原所自领的正黄、镶黄两旗，合称“上三旗”，其他为“下五旗”。这些，是八旗制度不断完备的后话。

努尔哈赤创建的八旗制度实行牛录、甲喇、固山三级管理体制。

以三百人为一牛录，每牛录设牛录额真（汉名佐领）一人为统率官员；五牛录为一甲喇，每甲喇设甲喇额真（汉名参领）一人为统率官员；五甲喇为固山，每固山即每旗设固山额真（汉名都统）一人，副职梅勒额真二人为统率官员。每旗七千五百人，八旗共六万人。

后金人的奴仆亦编入八旗包衣（满语音译，意为“奴仆”），每旗设五甲喇（汉名参领），下辖有牛录（汉名佐领）、浑托和（汉名管领）若干，分隶于内务府（上三旗包衣）和各王府（下五旗包衣）。

八旗制度下，以地缘为主、血缘为辅组成的牛录，是基层单位。牛录额真下，设二名带子为副职，再置四名章京，四名拨什库，并把三百人组成的牛录，分编成四个塔坦（村或部落），由一章京、一拨什库管理一个塔坦的各种事务。

八旗制度是“以旗统人，即以旗统兵”，“出则备战，入则务农”，兵民一体的社会组织形式，是将后金“一国之众”，即女真族全体成员及少数蒙古人、汉人和大量奴隶尽行编入，予以严格控制、管理，政治、经济、军事合一的社会组织形式，是后金统治的基础。

努尔哈赤作为后金国汗，是八旗的最高统帅，拥有八旗的一切。他将八旗作为私产，赐予子侄，使之充任和硕贝勒、旗主贝勒（满语“和硕”为“一方”之意。相当长的时间里，和硕贝勒是旗主贝勒、固山贝勒的同义语，绝大多数和硕贝勒充任一旗之主的旗主贝勒），即八和硕贝勒。

各旗旗主是后金国汗努尔哈赤之下最为显赫的人物，掌握本旗军政大权，及旗下全体旗人（全体旗人均为本旗旗主属人，双方是主奴关系）。然旗主的权力、爵位、财产、属人均为努尔哈赤所赐，随时可被努尔哈赤剥夺或重新分配。

各旗旗主互不统属，只听命于努尔哈赤。努尔哈赤对八旗的绝对控制，是其得以掌握后金最高权力，实行专权统治的重要前提。

八旗不仅出兵作战，负责赡养旗下属人，还承担后金的各种劳役以及各项财政支出。后金国各种收入及一切俘获（包括人畜）都按八旗统一分配。八旗实力基本相当，承担国家部分职能，具有相对的独立性，这是八和硕贝勒据以参与政务，并拥有发言权的主要资本。

努尔哈赤子、侄、孙中大部分人不是旗主，只是一般贝勒。他们分别隶属于其父兄所掌旗内，受制于父兄，仅领有少量牛录，他们与其父兄之间不可避免存在矛盾。然这些贝勒参与议政，并时常率军出征，具有一定实力，因而又成为牵制本旗旗主的力量。

建立政权机构

努尔哈赤在创建八旗制度的同时，设立理政听讼大臣五人，扎尔固齐十人，“佐理国事”，每五日集朝一次，协议国政，军国大事，均于此决之。

五大臣、十扎尔固齐不仅参加议政，而且负责审理案件。凡有诉讼，先由扎尔固齐审理，然后五大臣复审，再上告诸贝勒。一般案件经诸贝勒讨论后即可结案。若是重大案件，“众议既定”，“犹恐尚有冤抑”，还要由拥有最高裁决权的努尔哈赤亲自审问定夺。

除外，又设置四十名判官，荐举八员办事大臣，管理城防和乡间事务等。

努尔哈赤的绝对专权，始终以诸贝勒大臣议政会议为辅助，这既是女真民族社会民主制的残余，也为努尔哈赤在频繁征战中集思广益而后决策所必需。

后金建立前，努尔哈赤的主要辅佐者，最初是他生死之交的开国功臣额亦都、费英东、何和里、安费扬古、扈尔汉等“五大臣”。

有这样一个传说：

> 努尔哈赤的母亲怀胎十三月不生，被族人疑为恶鬼钻入腹中作祟，将她投入了数九隆冬的深山。努尔哈赤降生时，风雪大作，山林呼啸。五只斑斓猛虎突现，像五只温顺的大猫，环绕在产妇和婴儿四周。它们睁大灯笼般的眼睛，吹出融冰化雪的热气，以柔软厚密的皮毛簇拥着努尔哈赤母子，小心守护着，使他们在冰天雪地得以生还。

努尔哈赤在统一战争、开疆拓土的征程上，正得到了有如猛虎般的五位股肱重臣。额亦都、费英东、何和里、安费扬古、扈尔汉，无一不是“忠勇忘身”、雷霆万钧、所向披靡的猛将，无一不是忠贞事主、侠肝义胆的佐才。

以额亦都为例。额亦都随努尔哈赤出生入死四十余年，“凡有征战，未曾败衄”。明万历十五年（公元一五八七年），征伐哲陈部巴尔达寨时，额亦都身被五十余创，飞矢穿透大腿，他挥刀断矢，率军前冲，拿下了巴尔达。他的二儿子达启，自幼被努尔哈赤养在宫中，长大又做了努尔哈赤的女婿，未免恃宠而骄，不把努尔哈赤诸子放在眼中。额亦都设家宴执而杀之，道：

> 天下安有父杀子者？只为此子傲慢，及今不治，他日必负国败家！

然而为努尔哈赤打下辽东后，五大臣于天命年间先后故去。诸贝勒大臣议政会议的主要成员，以努尔哈赤四位年长子侄代善、阿敏、莽古尔泰、皇太极，即所谓“四大贝勒”为核心，包括诸小贝勒组成。后金高级官员退居次要。

议政大权日益集中在努尔哈赤家族之手。

创制满文

前代金朝统治者曾参照契丹文字创制过女真文。经元明两朝，金朝女真文逐渐废弃。努尔哈赤时，建州地区金朝女真文已不通行。“凡属书翰”，十之六七“用蒙古字以代言者”，十之三四“用汉字以代言者”。这种状况不利于努尔哈赤政令文书的下达通行，也与一个正在崛起的伟大民族不相称。

明万历二十七年（公元一五九九年）二月，努尔哈赤“欲以蒙古字编成国语”，命额尔德尼和噶盖两人，以蒙古文字母与女真语音拼成满文，作为满族统一的文字。

满文的创制和颁行，使满族从此有了本民族的文字，可以用来交流思想，记载政事，翻译汉籍等，对政权建设起了重要作用。

政权建设的措施为努尔哈赤统一战争和建国称汗铺平了道路。

但这绝不是唯一的和最重要的因素。

最重要的因素是权力，是通过与人——包括亲人——流血斗争而高度集中在努尔哈赤手中的权力。

努尔哈赤要求建州内部权力高度集中在自己手中，这就与建州女真原始氏族社会军事民主的传统发生了矛盾。努尔哈赤的弟弟舒尔哈齐，儿子褚英、代善……一个一个走上前台，充当了一场又一场家庭悲剧和政治阴谋的主角。

努尔哈赤的非凡，在于他淡化了亲人，表现出了“非人”。

努尔哈赤的第一个对手，是他的同母弟舒尔哈齐。

舒尔哈齐比努尔哈赤小四岁。

努尔哈赤起兵后，二十岁的舒尔哈齐始终是他得力的助手和冲锋陷阵的勇将。史载他“自幼随征，无处不到”。

舒尔哈齐身高体胖，白白净净四方大脸，给人一种自然的亲和感。努尔哈赤则体态魁梧，无一丝赘肉，长脸铁面不怒而威，使人常生敬畏之情。

两兄弟外貌、气质多有不同，但却同样勇敢、善战和坚韧不拔，特别是有着相同的雄心大志。

这一点，朝鲜使臣看出了端倪。他们在费阿拉城见到舒尔哈齐家大门上贴的残联，上联剩“远迹青山”，下联剩“身居绿林”。

舒尔哈齐在其兄努尔哈赤治下要“身居绿林”，这意味什么呢?

事实上，舒尔哈齐的权势和地位已极为显赫。

努尔哈赤统一建州后，在费阿拉城“暗自称王”，舒尔哈齐作为努尔哈赤佐贰，称“船将”。

对外，他与努尔哈赤并为建州女真“头目”。明朝官书称“都督努尔哈赤”“都督舒尔哈齐”。朝鲜人称“老乙可赤（努尔哈赤)”“小乙可赤（舒尔哈齐)”，或“奴酋”“小酋”。

舒尔哈齐与努尔哈赤住屋居室的规模陈设几乎相同；服色饰物一如其兄——都是貂皮帽，貂皮巾，金腰带，貂皮缘饰的五彩龙纹衣；接见、宴赏外人的礼仪也完全相同。唯一区别是“老乙可赤（努尔哈赤）屠牛设宴”，“小乙可赤（舒尔哈齐）屠猪设宴”。

史载：

> 聪睿恭敬汗之弟舒尔哈齐系唯一同母弟，故凡国人、贤良僚友、敕书、奴仆，以及诸物皆同享之。

明万历二十三年（公元一五九五年），舒尔哈齐第一次代表建州女真赴京朝贡。其时他麾下有精兵五千，能臣宿将四十，他本人因战功卓著、颇得众心，他的势力已经可与努尔哈赤相抗衡。

舒尔哈齐的锋芒外露，发展到为努尔哈赤不能容忍的程度。借端冷落、有意贬低舒尔哈齐的事情开始发生。舒尔哈齐家“凡百器不及其兄远矣”。

努尔哈赤的猜忌和无端削夺，刺伤了舒尔哈齐对兄长的亲情，也助长了他日益膨胀的的权力欲。明万历二十四年（公元一五九六年）元旦，努尔哈赤设宴招待朝鲜使臣，舒尔哈齐当即提出他“亦当接待”。如此，才有了“两都督府”的分别宴请。宴后，舒尔哈齐对朝鲜使臣正言道：

日后你国遣使送礼，却不可高下我兄弟。

明万历二十七年（公元一五九九年），努尔哈赤讨伐哈达贝勒孟格布禄。舒尔哈齐率先锋二千先抵哈达城下。只见哈达城上城下军容整肃，不免为城中有备、是否出击心生踌躇。

正在此时努尔哈赤率大军赶到，见舒尔哈齐陈兵城下，一矢未发，顿时勃然大怒。从未对弟弟疾言厉色过的他，竟当众质问舒尔哈齐：

汝此来，难道是因为城中无备吗？！

呵斥道：

汝兵向后，给我闪开！

而后，亲自挥军攻城。

六昼夜血战，哈达城被攻破。

努尔哈赤付出了惨重的代价。不仅是上千建州勇士，还有永远失去的胞弟的心。

对弟弟舒尔哈齐的羞辱、贬斥，并非无端，也并非没有借题发挥之嫌。舒尔哈齐的感受最为真切。

后来，又发生了一件件雪上加霜的事。

明万历三十三年（公元一六〇五年）二月，舒尔哈齐之妻病故。由于明朝总兵李成梁的儿子李如柏纳舒尔哈齐之女为妾，李成梁与舒尔哈齐是儿女亲家，李成梁命守备佟某置办二十桌酒席，外带牲畜前往吊祭。

舒尔哈齐与李成梁的交往，本是努尔哈赤对明两面政策的组成部分。然而，在兄弟二人嫌隙日深的情况下，却成为对努尔哈赤潜在的威胁。况且努尔哈赤深知李成梁惯用“以夷制夷”的手段。他对舒尔哈齐的眷顾，是否说明他的离间术已经成功，舒尔哈齐已向明倾倒了呢？

明万历三十四年（公元一六〇六年）十二月，舒尔哈齐第三次代表建州女真进京朝贡。明廷以“建州等卫夷人都督都指挥”的名义向他如例颁赏。或许正是那个时候，一个借明自立、分裂自立的危险念头开始在他的脑海中出现。

明万历三十五年（公元一六〇七年），在接应东海女真瓦尔喀部蜚优城部众归附一役中，舒尔哈齐充任统兵主帅，同行将帅还有努尔哈赤长子褚英、次子代善，及大臣费英东等。

行军途中，舒尔哈齐突然借口大纛（军旗）发光，不是吉兆，提议班师回军。

士气陡降。

努尔哈赤之子褚英、代善力争，队伍才得以继续前进。

乌碣岩。舒尔哈齐领五百人滞留山下；他的两名心腹骁将常书、纳齐布率百人观战不前，只褚英、代善率领不足乌拉四分之一的兵力拼死奋战。

乌碣岩大战是努尔哈赤统一大业的关键性战役。

骁勇无敌的舒尔哈齐怎么了？

如果不是因为他与乌拉三次联姻——在一向以婚姻为政治手段的女真人首领（包括努尔哈赤本人在内）那里，以此构成退缩不战的原因基本没有可能，那么，他便是有意对抗！

努尔哈赤心如明镜。一面以绝大讽刺赐给舒尔哈齐"达尔汉巴吐鲁"的勇号；一面以不为力战之罪，宣布将常书、纳齐布正法。

舒尔哈齐气急败坏，宣称：

诛二臣与杀我同！

努尔哈赤眼中闪过不易觉察的轻蔑，改罚常书金百两，夺纳齐布所属部众人口，并以“临阵退缩，时有怨言”，自此“不遣舒尔哈齐将兵”。

这才是努尔哈赤要达到的真正目的，先将事情推到极致——要对方的命，而后在对方为保命不惜接受一切条件时，达到真正的目的。

军权被削，舒尔哈齐满腹牢骚怨气无从宣泄，从军国大政到人财小事，继续不断与努尔哈赤口角相争。甚至努尔哈赤命各部出役筑城，他却命属下不赴工，要自筑一城。

努尔哈赤不予理睬，仅冷冷抛给舒尔哈齐一句话：

弟所得家业及属人僚友，非我等之父所遗留之属人僚友，乃为兄所赐耳。

一方喋喋不休，近乎无理取闹。一方不予理睬，尽管道理在手。

众人心中好恶的天平，日渐倾向努尔哈赤。

舒尔哈齐愈益懑闷哀怨，浩叹道：

此生有何可恋？不如一死！

左不过是一死！借明自立、分裂自立的想法又涌上舒尔哈齐心头。他对三个儿子阿尔通阿、阿敏、扎萨克图说明原委，道：

吾岂能为衣食所得而受制于人！

长子阿尔通阿、三子扎萨克图立即响应。他们在明朝军事重镇铁岭东南八十里远的黑扯木伐木造房，拟为将来据点。因为黑扯木地近明朝边关，东接乌拉，北邻叶赫，不仅可得到明朝就近庇护，还可借助努尔哈赤之敌乌拉、叶赫的声势，更可得到三次联姻的乌拉援助。

兄弟束甲相争的可怕端倪。

正当舒尔哈齐秘密筹划分裂自立的关键时刻，努尔哈赤突然命他以建州首领的身份入京朝贡。

也许出于直觉，也许纯属偶然，努尔哈赤这一决定，无啻调虎离山。

舒尔哈齐尽管心中一百个不愿意，但无言推托。遂率领一百四十人的朝贡队伍，第四次进京。

这一次，明朝以他为建州右卫的代表。

建州右卫首领的头衔已经久违，此次再现，是明朝欲扶植舒尔哈齐，削弱努尔哈赤势力的明白暗示。

这恰与舒尔哈齐欲在黑扯木自立的想法不谋而合。

明万历三十七年（公元一六〇九年）初，舒尔哈齐回到建州。他有恃无恐，与三子密谋投靠明朝、叶赫，随即移居黑扯木。

二月，努尔哈赤得知消息，怒责舒尔哈齐，劝其归来。

舒尔哈齐没有听令。

三月十三日，努尔哈赤断然剥夺了舒尔哈齐全部家产；杀死了舒尔哈齐两个儿子阿尔通阿和扎萨克图；将与此事有关的舒尔哈齐部将武尔坤吊在树上活活烧死。而后，仍余怒未息，欲加刃于舒尔哈齐二子、四大贝勒之一的阿敏。代善、皇太极等诸兄弟极力谏止，阿敏方免于一死，但也受到被剥夺所属人口之半的惩戒。

建州女真血溅萧墙。明朝边军置若罔闻。

或许是惮惧努尔哈赤的精兵，或许是静观龙虎之斗、欲得鹬蚌相争之利，总之，明朝边军没有像舒尔哈齐所希望的那样出手干涉。

舒尔哈齐只有归来，请安谢罪道：

> 兄汗优养恩深，弟却妄想赴别处居住，实乃大谬大错了。

努尔哈赤并不多言，大度赐还没收的舒尔哈齐全部家产。

在他人眼中，努尔哈赤是顾念手足之情。

在舒尔哈齐看来，努尔哈赤是故作姿态。

他不感恩。他认为自己没有理由感恩，反而应该牢记哥哥对待亲弟弟的刻薄寡恩！

努尔哈赤何尝感觉不到这些？

舒尔哈齐不再是弟弟而是敌人，一个无用、有害，又再无必要与之周旋的敌人。

努尔哈赤佯称新宅落成，邀舒尔哈齐赴宴，将之幽禁。又以舒尔哈齐之命召来他的两名心腹骁将常书、纳齐布。在二人步入房门之时，使潜伏甲士拦腰斩杀之。

舒尔哈齐铁索锒铛被囚禁在暗无天日的禁所，囚室门窗皆被砖石密封，仅留“通饮食、出便溺”两个洞口，生不如死。两年后，亦即明万历三十九年（公元一六一一年）八月十九日，舒尔哈齐忧愤而亡。时年四十八岁。

努尔哈赤大权在握。于明万历四十四年（公元一六一六年）元旦，顺利登上了后金天命汗的宝座。

五十八岁的努尔哈赤，以吞吐天地的雄才大略，横扫千军的赫赫战功，统一女真的光辉业绩，赢得了此时的殊荣。而他光辉灿烂的宝座，染有其胞弟——舒尔哈齐的血。

舒尔哈齐死于女真上层权力与汗位的争夺。关于他的死，有各种不同猜测。除一些猜测认为他是被努尔哈赤囚禁、“忧愤而死”外，更多的猜测认为他直接是被努尔哈赤杀死。

对此，清朝官书隐去了努尔哈赤囚禁舒尔哈齐的情节，含糊记载道：

> 弟贝勒自责曰：“多蒙兄汗赡养，曾欲别往以居，洵属狂妄，实乃我之过也。”于是翻然归来。聪睿恭敬汗遂以籍没之国人、僚友于当年悉数归还弟贝勒。后弟贝勒仍不满其兄聪睿恭敬汗之待遇，不屑天赐之安乐生活，遂于辛亥年八月十九日卒。

舒尔哈齐之死，是后金国初四大疑案的第一个疑案。同许多宫廷疑案一样，舒尔哈齐的死，成为了永久的谜。

努尔哈赤建国称汗前后，在集权反集权血腥斗争中登场的角色和对手，除了弟弟，还有他的儿子和家人。

而这一次又一次的斗争，却与努尔哈赤诸子谋夺储位汗位的争斗错综交织在一起。

历史有着惊人的相似之处。后金国集权谋位之争与其他朝代集权谋位之路，简直就是同一块模板的反复复制。

褚英伏诛

褚英是努尔哈赤长子，最早被立为嗣子，“专主大国，执掌大政”。

然而，自明万历四十一年以后，褚英的名字从各种官方记载中突然消失了。又过三十五年，人们才从《清世祖实录》中第一次得知：褚英已因“悖乱”，被“置于国法”。

褚英被诛，是后金国初四大疑案的第二个疑案。为何“悖乱”，为何被“置于国法”？官书多讳而不述。只《满文老档》留下了有关此案的珍贵资料。

据《满文老档》卷三记载：

> 努尔哈赤严厉斥责褚英，说他身为“秉政长子，毫无均平治理汗父委付大国之公心，离间汗父亲自举用恩养之五大臣，

使其苦恼，并折磨聪睿恭敬汗爱如心肝之四子”。

这是从何说起呢?

铁幕的神秘，愈益引起人们强烈的好奇和关注。《满文老档》半遮半掩揭开的一角，其他官书流露的只言片语，民间捕风捉影的猜测，合成了一种因袭数百年的传言：

> 当统一战争胜利进行、称汗建国指日可待的时候，努尔哈赤年事渐高，精力大不如以往。他日理万机，亟需有人近前辅助。而且出于奠立万年基业的考虑，选择继承人的问题也提上了日程。
>
> 他选择了褚英。
>
> 褚英是一个心胸狭隘、野心勃勃的小人。努尔哈赤明知。但想到历代宫廷之中骨肉相残的惨剧，想到历代汉族统治者以嫡长子继承制保证江山在一家一姓中世代流传，努尔哈赤反复衡量：
>
> “舍嫡立庶，舍长立幼，必致其乱。”“倘立其弟，将以何由弃兄用弟?”“人无完人，

庶几可在执政中增益其所不能？”“若荐用长子，使之专主大国，执掌大政，或可弃其偏心，而存公诚之心耳。”

他仍选择了褚英。

褚英执政后处事不公，作威作福，得寸进尺，野心膨胀。他竟然欺凌身为四大贝勒的弟弟，欺凌父汗倚重的五位亲信大臣。向他们勒逼财物、牲畜；背着父汗，要他们对天盟誓忠实于他；并威胁四弟五大臣：“谁敢与我作对就走着瞧！一旦我继承汗位，定杀不赦！”

四弟五大臣联合讦告，遂有上述努尔哈赤的严厉斥责。

褚英果真是一个心胸狭隘、野心勃勃的小人吗？

历史是胜利者的历史，褚英却是失败者。

如果转换一个角度，我们将可能看到什么样的情景呢？

努尔哈赤严斥褚英的罪状，皆出自四弟五大臣的讦告。四弟五大臣为什么要讦告褚英？凭什么可以讦告褚英？

努尔哈赤共有十六子，褚英居长，是努尔哈赤第一个大福晋佟佳氏所生。

褚英是一员连战连捷、功勋卓著的骁勇之将。明万历二十六年（公元一五九八年），他年仅十八岁，在往征东海女真安楚拉库部的战争中，率兵“星夜驰至”，所向披靡，攻取、招抚屯寨数十处，获人畜万余，全胜而归。努尔哈赤赐其以“洪巴图鲁”（意为英勇）的美号。明万历三十五年（公元一六〇七年），在关系到努尔哈赤盛衰、与乌拉部的乌碣岩大战中，他因“奋勇当先”，被赐予“阿尔哈图图门”（汉译为“广略”，意为足智多谋，史称其为广略贝勒）的美号。

褚英被立为嗣子，无论从嫡长，还是从战功，均无可非议。

早在万历三十四年（公元一六〇六年），努尔哈赤被蒙古喀尔喀五部称为“昆都文汗”时，褚英就得到明显多于其他诸子的赏赐，得“国人（女真人）五百户，牲畜八百，银一万两，敕书八十道”。

然而诸子，特别是同样军功卓著，各掌兵权，广拥部众财帛，被努尔哈赤爱如心肝之四贝勒代善、阿敏、莽古尔泰、皇太极，均觊觎着汗位。

可以想见，褚英被立为嗣子，等于断绝了诸子的争位之路，使他立即成为了众矢之的。

同时，位高权重的五大臣，亦即费英东、额亦都、扈尔汉、何和里、安费扬古，他们在褚英尚于襁褓中时即已追随努尔哈赤，与之同甘共苦、出生入死，对年轻资浅的褚英“主国政，专军机”也心怀不满。

褚英突然发现，他竟落入了内外两种敌对力量的包围之中：他所敬重爱戴的慈祥长辈，他生死与共、亲密无间的弟弟，竟成了陌路的仇敌。

这其中或许有诸多令人尴尬难言、肮脏污浊的阴谋、陷阱、争斗，在胜利者的历史上被轻轻抹去了。

褚英愤怒，痛心，不解。不知所措，又操之过急。

他或许有意以勒逼诸弟财物牲畜显示自己的权威与力量，有意威胁诸弟诸大臣：

> 吾即汗位后，将杀与吾为恶之诸弟诸大臣！
>
> 汗父曾赐予尔等佳帛良马，汗父若死，岂不废之？吾则不赐了！凡与吾不睦之诸弟诸大臣待吾即位后皆诛之！

他企图阻止诸弟诸大臣的阴谋。

他甚至逼迫诸弟在夜间对天发誓：

> 不违抗兄长的话，不将兄长的话告诉父汗。

然而这些非但于事无补，反而为敌对势力提供了倾轧他的口实。

四贝勒反对褚英有争位之嫌，五大臣反对褚英有贰心之嫌，两种势力自然勾结起来。他们密议后联合告讦，给努尔哈赤留下了这样一种印象：

> 褚英遭到了以四贝勒五大臣为首的普遍反对。四贝勒五大臣是处境可怜的弱者，万不得已才行告讦之举。而褚英确实开始抢班夺权、威胁努尔哈赤的地位了。

他们说：

> 如此折磨，四弟五大臣遭受这样苦难，聪睿英明汗并不知悉。若告汗，畏执政之阿尔哈图图门。若因畏惧执政之主而不告，吾等之生存之本意何在矣！彼云，汗若死后不养吾等，吾等生计断矣。即死，亦将

此苦难告汗！

努尔哈赤感情复杂。沉吟良久，缓声道：

我老了。记不清你们都说了些什么。你们可各写一份奏章呈上。

暴风雨在酝酿，积聚……

知子莫如父，努尔哈赤如何不了解褚英，如何不了解褚英的诸弟？他既不能容忍褚英与己争权、滋生抢班夺权的苗头，又不能容忍诸子与褚英争权，形成骨肉相残的局面。但他料到，褚英势必会抢班夺权，诸子势必会骨肉相残。而当这一切真正成为事实，他却感到一种撕心裂肺的失望和痛楚，甚至怀着一线侥幸的幻想：或许这只是诸子诸大臣出于嫉妒对褚英的诬陷……

努尔哈赤令褚英当面对质，并意味深长地提醒他，如奏告不实，允予上书辩驳。

倔强的褚英几乎不假思索，冷冷随奏：

吾无言可辩。

如果此时褚英痛哭流涕、惶恐认罪、乞父原宥，努尔哈赤或可稍感慰藉。他却无悔无惧、桀骜不驯！

努尔哈赤大怒，将原赐褚英之部众、牧群“尽行合于诸弟，同等分之”。征讨乌拉之战也不许他随队出征，甚至连留守的资格都被取消。

权力失了，汗位失了，大祸将至。

褚英悲愤已极，万念俱灰。他祷天自诉，将父汗四弟五大臣之名写于诅咒表文，望天地切齿焚之，对属下恨恨道：

> 吾兵出征，愿其败于乌拉。战败之时，吾不许父及诸弟入城！

墙倒众人推，事情很快败露。努尔哈赤征讨乌拉获胜归来，得知褚英的恶毒行径，大怒拘之，亲自审问，褚英供认不讳。褚英焚表诅咒时在场、口称愿与褚英同死的四个仆人，一个畏罪自杀，三个仓皇自首，也交代道：

> 曾说与贝勒同死是实。贝勒焚表是实。诅咒是实。

明万历四十一年（公元一六一三年）努尔哈赤将褚英囚禁高墙。

褚英拒不服罪、悔改。明万历四十三年（公元一六一五年），也就是努尔哈赤建后金称汗的前一年，他以“长子的存在会败坏国家，危及众子及大臣”为罪名将褚英处死。

一位清史专家说：

> 褚英没能看到其父称汗建国，却为其父称汗建国立下汗马功劳。褚英没有遇到争夺储位的对手，却死于争夺储位的斗争。

太子被废

褚英伏诛后，努尔哈赤立了第二个嗣子代善，明确称之为太子。

然而，后金天命五年（明泰昌元年，公元一六二〇年），汗宫中传出了大贝勒代善与诸贝勒、大臣奉努尔哈赤之命，对天盟誓的消息。

代善誓曰：

> 因我不恪守汗父教导之善言，不听取三

位弟弟一位虾阿哥之言，误听妻言，以致丧失汗父交付之大政……日后若仍以是为非，以善为恶，愿受天地谴责，不得善终。

众贝勒誓曰：

……此后，立阿敏台吉、莽古尔泰台吉、皇太极、德格类、岳托、济尔哈朗、阿济格、多铎、多尔衮八贝勒为和硕额真，为汗之人，受取八旗之给予，食其贡献。政务上，汗不得恣意横行。汗承天命执政，任何一位和硕额真，若欲为恶，扰乱政务，其余七位和硕额真集会议处，若该辱，则辱之，若该杀，则杀之。勤于政务公正之人，即使治国之汗出于一己私怨，欲乱行降革，其他七旗之人对汗可以不让步。

代善的太子之位，竟已被废黜了。

为什么？

铁幕的神秘，愈益引起人们强烈的好奇和关注。《满文老档》半遮半掩揭开的一角，其他官书流露的只言片语，民间捕风捉影的猜测，合成了一种因袭数百年的传言：

代善是一个才疏学浅、放荡不羁、狭隘自私、碌碌无为的“寻常庸夫”。

他竟与自己的继母、汗父努尔哈赤第二个大福晋富察氏有染。

富察氏两次送饭给代善；一日三番差人到代善家；代善来汗父家宴会议事，富察氏打扮得花枝招展，一双媚眼火辣辣地盯着代善看。

他竟与父汗争宅。

迁居萨尔浒时努尔哈赤划定了诸贝勒的宅基地。宅基地整修好后，代善以己地比父汗既宽又好，请父汗居住。努尔哈赤遂下令与大贝勒代善换地。代善却认为父汗之地过于狭窄不易装修，想重修己子岳托之地于那里建造府宅，而指使三贝勒莽古尔泰不经过其他贝勒大臣，直接向汗父奏准发一千役夫重修其地。岳托之地二次整修完工，代善又以此地更好，再请汗父居住。努尔哈赤看后决定，将自己原修之地给代善，代善之地建大衙，自己居住岳托之地。于是诸贝勒大臣又拨役夫千名，三修岳托之地。三处府宅完工后，代善却使二贝勒阿敏向汗父透露，他嫌汗父赐己之宅窄小，不要，欲居他处。努尔哈赤道："既如此，我仍居原地。你若舍不得你看中的好地，即带家眷搬去住吧！"重新将岳托之地赐给了代善。又想沽名钓誉，又不愿实际作出一点牺牲，反而借此多占便宜，斤斤计较，反复无常。

他竟听信继妻谗言，虐待前妻之子硕托。他只将老弱奴婢分给硕托。甚至执意斩杀亲生之子。在硕托涉嫌逃往明国、未明真相时，便屡次乞杀。后又诬陷硕托与己妾私通，五六次跪乞父汗努尔哈赤，说："若事不属实，则杀妻。若属实，硕托萌奸宄，行悖乱，可将其交我，我当杀之。"事实是硕托受到了诬陷。

以上种种使努尔哈赤大怒。

代善炙人的地位、权势、威望，却使诸贝勒大臣畏惧。努尔哈赤痛斥代善时，诸贝勒大臣皆沉默不语，窥测代善脸色。

努尔哈赤益怒。

三贝勒莽古尔泰上前道：“汗父之言诚是。我等诸弟、子及国内诸大臣皆畏惧兄嫂……”

努尔哈赤道：“既如此，为何诸贝勒大臣皆不言语？”

莽古尔泰道：“我乃代表众人而言。”

努尔哈赤暴怒，厉声道：“尔等诸贝勒大臣窥测大阿哥脸色竟一言不发，究竟安的什么心！如果认为我和莽古尔泰说的不对，皇太极，阿敏，达尔汉虾，你们可对天发誓，你们发了誓，我们自会认错。如果你们不想发誓，为什么还坐在大阿哥一边！”

皇太极等三人立刻仓皇起身，站到父汗一侧。

代善孤身一人，俯伏在地，震颤不已。

空中如同滚过了闷雷，努尔哈赤的声音隆隆作响：

“先前欲使大阿哥袭父之国，故曾立为太子。现废除太子，收其军政大权，将其专主之僚友、部众尽行夺取！”

然而，代善果真是一个才疏学浅、放当不羁、狭隘自私、碌碌无为的“寻常庸夫”吗？

历史是胜利者的历史，代善失败了。

如果转换一个角度，我们将可能看到什么样的情景呢？

太子被废，是后金国初四大疑案中的第三个疑案。疑中疑，案中案，作为太子被废的先声和前提，此疑案中包括后金国初四大疑案的第四个疑案富察氏被休。

富察氏是努尔哈赤第二个大福晋，即是与努尔哈赤患难与共、创业建国的衮代皇后。她位高望重，生有两子。一子莽古尔泰是四大贝勒中的三贝勒，正蓝旗主；另一子德格类是十固山执政贝勒之一。

然而她却被努尔哈赤冠以四罪休弃。

四罪：一、勾引大贝勒代善；二、私藏财物三包、金帛三百，蒙古福晋告曰：“阿济格阿哥家中二柜藏有大福晋帛三百匹，大福晋常为此担忧，欲焚于火，欲投于水，因惜此帛，皆未果”；三、私赐衣帛与二将之妻，其中给总兵官巴笃里二妻做朝服用的宝石蓝色倭缎，给参将蒙阿图之妻一件绸缎朝服；四、私赐财物与村民。

显然，其中后三罪不能成为休弃的正当理由。富察氏身为大福晋，收藏不算多的财物，赏赐属下、周济村民并不为过。

关键是与大贝勒代善有暧昧关系是第一罪。唯此一罪能深深伤害努尔哈赤。

背离丈夫与他人通奸，与丈夫前妻之子通奸！任何有血性的男儿均不能容忍，更何况是横扫六合、天之骄子努尔哈赤，是情深意重又恋妻爱子的努尔哈赤！

努尔哈赤闻听此事，悲愤异常，竭力掩盖着声音的颤抖：

> 吾以金珠饰汝全身，又以人所未见之美帛与汝穿着，汝乃不念汗夫之恩养，蒙蔽吾眼，置吾于一边，而勾引他人，岂不可杀耶！

据《满文老档》记载，后金天命五年（明泰昌元年，公元一六二〇年）三月，小福晋代音察告汗道：

> 大福晋曾两次备饭，送与大贝勒，大

贝勒受而食之。又一次，给四贝勒送饭，四贝勒受而未食。且大福晋一日二三次遣人至大贝勒家，如此往来，谅有同谋。大福晋自身，深夜出院，亦有二三次矣。

诸贝勒大臣也揭发说：

在汗家宴会、聚集议事时，大福晋用金饰、东珠装扮己身，眼望大贝勒行走。

努尔哈赤派达尔汉虾（即努尔哈赤养子扈尔汉）、额尔德尼、雅逊、蒙喀图调查。结论是：属实。

努尔哈赤面色苍白，冷静吩咐：

杀大福晋何为？彼诸幼子生病，尚须看护服侍。吾不与彼共处，将彼休离。嗣后，此福晋给予之物，无论何人皆不得收受，无论何人皆勿听其言。若违此命，无论何人听取大福晋之言，领受其给予之财物，则不论男女皆杀之。

遂与大福晋别离。

大福晋富察氏送饭给大贝勒代善，能说明什么问题呢?

她身为继母备饭送子食用，无可指责，且为常例。更何况她同时也给四贝勒皇太极送过饭；更何况努尔哈赤本已将她同诸子托付给了代善。

努尔哈赤曾说：

> 我身殁后，大阿哥需善养诸幼子和大福晋。

大福晋为努尔哈赤身后、也为自己和自己的子女计，笼络代善，或仅为与代善搞好关系，此乃人之常情。

而食与未食，全凭大贝勒、四贝勒自言。

遣人至大贝勒家，深夜出院，都是“谅有同谋”，都缺乏与大贝勒私通的真凭实据。

至于在诸贝勒大臣聚会议事时，装扮己身，“眼望大贝勒行走”，更是说其有则有，说其无则无。

然而调查四大臣却得出了不利于代善的“属实”结论。

四大臣又是些什么人呢？仔细考察，四大臣有一个共同之处：即均与一人有着非同一般的关系。这个人便是后来承继大统的四贝勒皇太极。

这四名大臣中，额尔德尼既是努尔哈赤的重臣，又是皇太极的死党。他经常私自越旗往皇太极处通报情况，为皇太极争位出谋划策。

另外三名，达尔汉虾本与代善有隙，代善曾向努尔哈赤说过他的坏话，此时隶属于皇太极的正白旗。雅逊、蒙喀图也都是皇太极的旗下之人。

事情似乎已经很清楚，一些人暗中联合起来，通过诬陷富察氏打击代善，阴谋废掉代善的太子之位。

这一次来势更猛，是与继母私通的滔天大罪，是欲置之于死地的初衷（幸因努尔哈赤比较明智而未能得逞）。

这一次不是褚英式的孤言难辩，由于“私通”之罪既未公开宣布，也未通知代善，使二人、特别是代善，根本就无法开口，无从辩驳。

几乎可以肯定地说，这是一场蓄谋的倒嗣政变。富察氏和代善，成了这场政变，或者说，成了争位之战的牺牲品。

四贝勒皇太极参与了阴谋。而且种种迹象表明，他是策划这场阴谋和政变的核心人物。

在此政变中直接得利的有三个人。一个是小福晋代音察。她因首告有功，被升与努尔哈赤同桌共食。一个是侧福晋乌拉纳喇氏阿巴亥。富察氏被休弃后，她晋升为大妃，成为努尔哈赤的第三个大福晋。子以母贵，她的三个儿子阿济格、多铎、多尔衮亦跻身为代替太子执掌国政的八和硕贝勒之列。还有一个，便是四贝勒皇太极。

褚英被诛后，“四大贝勒各拥重兵，觊觎大位”。其中，阿敏为努尔哈赤之侄，非直系。代善和莽古尔泰则成了皇太极的主要对手。

二人又以代善为尤。

代善是褚英同母弟，在所余十五皇子中居长。他屡建军功，曾被努尔哈赤赐予“古英巴图鲁”（意为钢铁勇士，有清一代为代善所独有）的美称。他佐父治国，权势倾盖朝野，本人位居四大贝勒之首，拥有正红、镶红两旗；其侄杜度主镶白旗，其长子岳托、次子硕托均已是拥有牛录、统领军队的勇将。尤为难得的是，他为人宽厚谦让，从不居功自傲，故此深得人心。

无论从嫡长，还是从战功，或是从已有的权势、威望，代善于太子之位均无可非议。

然而在此次富察氏被休事件中，代善和莽古尔泰同时遭到了惨重打击。

富察氏是莽古尔泰生母。富察氏被休，莽古尔泰不知所措。他急于取悦努尔哈赤，竟亲手将生母富察氏杀死，从此声名一败涂地，与汗位无缘。

代善同努尔哈赤之间，则因富察氏被休事件，出现了一道不可弥补的感情裂痕。不久，发生了代善与汗父争宅基地；听继妻谗言虐待前妻之子硕托；诬陷硕托与其妾通奸三件事。这三件事，本可看做家务细事，但努尔哈赤对代善已心存成见，将此三事上升认识，认为代善若继汗位，势必内宠悍妇，外信小人，混淆忠奸，诛戮无辜，以权谋私，搅乱国政。全不考虑代善一贯宽厚、谦让，足智多谋，勇武过人，全不考虑代善为后金国立下的累累战功和用血汗树立的崇高威望。

代善终被废去了太子之位。

完全有可能是皇太极联合阿巴亥，通过阿巴亥指使代音察诬告富察氏和代善，制造了这起冤案。事实上，“大福晋送饭给四贝勒，四贝勒受而未食”之类画蛇添足的表白，皇太极党羽、属下的指鹿为马、众口一词，也都处处留下了皇太极争位的蛛丝马迹。

《满文老档》记载大福晋被休弃，没有指明是哪一位大福晋。

努尔哈赤共有过三位大福晋。在迎娶第二位大福晋富察氏（即衮代皇后）时，褚英代善之母——第一位大福晋佟佳氏已死。以后努尔哈赤又有乌拉纳喇氏阿巴亥为第三位大福晋。

一种说法认为被努尔哈赤休弃的是第三位大福晋阿巴亥。影视故事多采用这种说法：

> 阿巴亥十二岁时被其叔父，乌拉部首领布占泰作为报答不杀之恩的一件礼物，献给努尔哈赤，作了侧福晋。她为努尔哈赤生养了三个儿子——阿济格、多尔衮、多铎，深受努尔哈赤宠爱。阿巴亥与代善，美人英雄，两相情笃。或者是为了在年老的丈夫死后，为自已和自已的幼子找一个可以托身的靠山，而发生了皇太极指使小福晋代音察告讦之事。努尔哈赤忍痛将其休弃。然而努尔哈赤临终前四天，终于不能按捺内心深处对她的爱恋之情，降旨令她迎驾与她重叙夫妻之情。最后她被皇太极等诸贝勒逼迫，撇下三个幼子，为努尔哈赤生殉了。

如此情节，极富戏剧性。但从太子被废事件发生后，莽古尔泰手刃生母大福晋富察氏，以及阿巴亥诸子地位上升看，被休弃的大福晋似乎不是乌拉纳喇氏阿巴亥，而是富察氏。

大福晋生殉

权力、汗位的血腥斗争，伴随着努尔哈赤的一生，甚至延续到他生命结束之后。

讲到此处。不能不提前将发生在努尔哈赤身后、后金国初四大疑案之后的又一个疑案告知读者。这便是“大福晋生殉”。

努尔哈赤病故时，有望问鼎的力量除皇太极外，还有来自两个方面：

其一是代善。

代善被废去太子之位后，权势仍仅次于汗父努尔哈赤，仍以大贝勒的身份统理军国大政，仍为正红、镶红两旗旗主，仍有能征善战统兵辖民的十数子侄。

其二是多尔衮三兄弟。

多尔衮三兄弟的生母是努尔哈赤晚年宠爱的大福晋乌拉纳喇氏阿巴亥。他们因母之故地位急遽上升。

从废黜太子盟誓时诸贝勒的誓词中可见，年方十四岁、八岁、六岁的阿济格、多尔衮、多铎已进入八和硕额真之列。努尔哈赤共有十六个儿子，进入八和硕额真的，除侄辈阿敏、济尔哈朗，孙辈岳托外，代善为第一个大福晋佟佳氏所生，莽古尔泰、德格类为第二个大福晋富察氏所生，皇太极为努尔哈赤称之为“爱妻”的叶赫纳拉氏所生，再就是阿济格、多尔衮、多铎为第三个大福晋乌拉纳喇氏阿巴亥所生。其他八子（长子褚英已死，十六子费扬古尚未出生）以及数量更多的侄辈中，尽管不乏有年高资深、战功卓著的人，也并未立为和硕额真。

努尔哈赤给予阿济格、多尔衮、多铎极其罕见的殊恩：使阿济格、多尔衮、多铎辖有汗父自领的正黄、镶黄二旗和十五牛录，并许诺再赐一旗，使其全都成为“全旗之主”。这一许诺虽因努尔哈赤故去未能实现，但多尔衮三兄弟即使现有二旗六十牛录的实力，也已超过了三大贝勒，与大贝勒代善并驾齐驱。

后金天命十一年（明天启六年，公元一六二六年），八月十一日，努尔哈赤在距盛京（沈阳）四十里的叆鸡堡去世。初更时分，努尔哈赤灵柩被群臣轮班抬回盛京，运入汗宫。

这是漫长死寂，杀机四伏的一个夜晚。各种力量都在紧锣密鼓地策划，密谋，交易。人心惶惶，不知鹿死谁手。

卯时（大约清晨六点），正在雷霆万钧的紧张气氛中，代善突然戏剧性地宣布：

议立皇太极为汗。

局势豁然明朗。

《清太宗实录》对此有如下记载：

丙寅年，八月十一日，太祖崩。有大贝勒之子姚托贝勒、查哈量贝勒相议告其父大贝勒曰："国不可一日无君，此大事，宜早定。今皇太极贝勒才德冠世，深得人心，众皆悦服，即可即立大位。"大贝勒云："吾亦思及于此，汝等之言，正合我意。"遂与二子姚托贝勒、查哈量贝勒计议已定，书之于纸。此日，诸贝勒大臣聚于宫殿，出其拥戴皇太极贝勒之议，以示阿敏贝勒、莽古尔泰贝勒及诸贝子阿布泰、得格垒、济尔哈朗、阿吉格、多里哄、多躲、都都、芍托、和格等。皆喜曰："善。"议遂定，立皇太极贝勒即位。

实力雄厚的代善为什么要将汗位让给皇太极？清前期历史专家周远廉等先生的分析值得参考。

第一，代善清楚当时政局内外交困的险恶。内部：阿敏素有野心；莽古尔泰桀骜不驯；多尔衮三兄弟，阿济格刚强好斗，多尔衮、多铎不会甘为人下。特别是皇太极胸怀大志，羽翼已成，与自己实力相当。日后两强相争必有一伤，代善没有把握伤的不是自己，而汗父努尔哈赤确定的八和硕贝勒共治国政的体制更可能限制自己的行动。外部：由于兵败宁远、汗父努尔哈赤晚年压迫汉民等弊政，后金军民士气低落，降金汉官多怀贰心，汉民大量逃亡，激烈反抗，后金百业凋敝、粮食奇缺，甚至出现了人吃人的惨剧。明朝袁崇焕却乘胜备战，欲图反击，收回失地。蒙古林丹汗及朝鲜也更加向明朝靠拢，欲图夹击后金助明反攻。从国家从大局出发，代善能力不如皇太极，从宫廷斗争看，只有代善宽容，绝无皇太极谦让。代善继位，必成鹬蚌相争、渔人得利之势；皇太极继位，代善却可与皇太极联合起来，两股最大的势力合为一处，足以镇住内外局势。

第二，代善长子岳托、三子萨哈连给代善很大影响。这二人是后金军政要人，均聪睿过人，善于从大局出发，考虑处理军政要事，历来是其父的重要参谋。这二人与皇太极有密切关系。特别是岳托，在重大问题上经常与皇太极一致行动。代善被废去太子之位后，岳托进一步靠近皇太极，成为其争位的重要伙伴，并曾因此遭到努尔哈赤的训斥与惩罚。岳托、萨哈连的建议，促使代善下了决心。

而皇太极得知此讯后的第一个反应，或所做的第一件事，是率领诸贝勒一起赶赴大福晋阿巴亥所居之处，以先父"遗命"，逼其自尽殉葬。

实录有载：

> 诸王以帝遗言告后，后支吾不从。诸王曰："先帝有命，虽欲不从，不可得也！"后遂服礼衣，尽以珠宝饰之，哀谓诸王曰："吾自十二岁事先帝，丰衣美食，已二十六年，吾不忍离，故相从于地下。吾二幼子多里哄、多躲，当恩养之。"诸王泣而对曰："二幼弟吾等若不恩养，是忘父也，岂有不

恩养之理？”于是后于十二日辛亥辰时自尽，寿三十七。

卯时到辰时，只有短短的两个小时。

太阳升起，夺目阳光湮没掉充斥阴谋的长夜，却没有、也无法驱散历史上的疑雾。

后金乃至清朝，除阿巴亥外，并无大福晋或正宫皇后以身殉葬的习俗和事例。

满族并无妻妾为夫殉葬的习俗。偶尔有之，也只是小妾殉夫。努尔哈赤十六个妻子，殉葬的只有阿巴亥等三人，其他十一人皆没有从殉。

努尔哈赤并无可能“遗命”阿巴亥殉葬。

努尔哈赤重情。重爱情，重亲情。

富察氏“欺夫”事发之后，他悲愤异常，认为非杀不可，但又说：

若念此罪而杀，则吾爱如心肝之子，将何等悲泣……杀大福晋何为，彼诸幼子生病，尚需看护服侍。吾不与彼共处，将其休离罢。

阿巴亥为努尔哈赤所钟爱，没有过失；她的两个幼子多尔衮、多铎，均只是十来岁的幼童，丧父再若失母，在豪横兄长的欺凌下，在残酷复杂的政治斗争中，将面临何等险恶的处境。

努尔哈赤怎么可能“遗命”阿巴亥殉葬！

即有“遗命”，努尔哈赤于盛京之外疗养，病危，病逝，又有什么时机将遗命口授或送达诸贝勒大臣呢？更何况努尔哈赤八月初七病危之时，曾遣人召阿巴亥往迎，二人会于浑河，朝夕相处了四天之久，为何不亲谕并对其爱如心肝之幼子做必要的安排？纵使努尔哈赤意欲保密，夙“有机变”、聪明过人的阿巴亥又怎么可能毫无觉察，毫无思想准备，在皇太极等诸贝勒迫令生殉时束手无策？

几乎可以肯定地说，这是一场蓄谋的逼宫政变。阿巴亥成了这场政变，或者说成了争位之战的牺牲品。皇太极参与了阴谋。而且种种迹象表明，他是策划这场阴谋的核心人物。

皇太极曾与阿巴亥联手击败了富察氏，倾轧了代善。

作为交换条件，阿巴亥登上了大福晋的宝座；她的三个儿子跻身于八大贝勒之列。

六年中，她发展得过快过强。她三个儿子的实力已超过了包括皇太极本人在内的三大贝勒；她身为后金国母，一人之下万人之上，权倾朝野，且年富力强，精明机敏，胸怀大志。她知晓后金军国的核心机密，知晓皇太极乃至努尔哈赤的隐秘。努尔哈赤死后，她必然继续发展自己的势力，完全可能以努尔哈赤“遗命”的名义，按她自己的意志左右政局。她成了最严重的隐患、最危险的政敌。

阿巴亥只能死。

迫死阿巴亥的前提条件，是皇太极与代善的联合。

以代善为首的诸贝勒本即不满于阿巴亥的得宠与多尔衮兄弟的迅速兴起。他们出生入死数十年，多数当不上旗主贝勒，而阿济格、多尔衮、多铎年方十四、八、六岁就被封为和硕额真，不久，阿济格、多铎又各主一旗，其时多铎才十岁。多尔衮也领十五牛录，汗父并许以一旗。在此基础上，代善倒向皇太极得到了诸贝勒的拥护。

代善倒向皇太极，固然有他从国家、从大局考虑唯皇太极堪当此任的因素，但后来的事态表明，他同皇太极也有交易，也暗中达成了某种默契。

后金天命十一年（明天启六年，公元一六二六年）九月一日，皇太极正式举行即位大典。典礼中，一项重要的内容是皇太极与诸贝勒盟誓告天。

首先，皇太极与诸贝勒共誓，以“诸兄弟子侄共议皇太极承父基业”昭告天地。接着，皇太极自誓，强调是“兄弟子侄共推我为君”，保证“敬兄长，爱子弟”，否则“天地见谴，夺予寿命”。然后，是三大贝勒率诸贝勒立誓，三大贝勒和诸贝勒分别立誓。誓词中，以代善为首的三大贝勒，从八大贝勒中突出出来，与汗并驾齐驱，而多尔衮等贝勒则降居为受三大贝勒管辖、支配的行列，并发誓不得“背父兄而阴媚乎上”，“行谗间于汗、贝勒之间”。

盟誓完毕，皇太极竟亲自率诸贝勒向三大贝勒行三拜礼，不以臣礼相待。

可以看到，皇太极即位，除其他因素外，于代善集团的利益非但丝毫无损，反而大有益处。换句话说，皇太极在共同利益的前提下，以某种条件作为交换，争取到了代善集团的支持。

阿巴亥必然死。与阿巴亥一同殉死的，还有在太子被废一案中的活跃人物小福晋代音察。

以上当然是后话。

在实施政治、军事、经济、文化等方面政权建设各种措施的历程中，有一个接一个的疑案、谜案、血案、惨案。舒尔哈齐囚死。褚英伏诛。富察氏休弃。太子被废。阿巴亥生殉。

努尔哈赤重复走着历史上无数君主的路，毅然、慨然、坦然地踏着亲仇敌友的尸骨和血迹，建构、发展、加固了女真人——满民族的后金国。

第五章

鲲鹏图南

早在攻灭叶赫的前一年，后金天命三年（明万历四十六年，公元一六一八年）三月间，努尔哈赤即下定了攻明的决心，对诸贝勒大臣截然道：

> 吾计已决，今岁必征明。

三月三十日，努尔哈赤六十大寿。

胜利者的寿筵盛况空前。努尔哈赤八子轮番祝寿，意志高昂。他们自然而然地将话题从以往的辉煌胜利，转向了未来的宏图。

攻明！

但从何入手呢？

努尔哈赤爱子皇太极抢前一步，道：

> 抚顺！抚顺乃我出入之门户，势在必夺。四月八日至二十五日，明守城游击将大开马市，时边备势必松弛，此乃天赐良机，可差五十人扮作马商，分五批驱马入城为市。我随即率五千兵马夜潜城下，猛

然开炮，内外夹击，抚顺可得。抚顺一去，他处不战自下。

努尔哈赤颔首。

接着，是紧锣密鼓的秘密备战。

后金天命三年（明万历四十六年，公元一六一八年）四月十三日，是后金国载入史册的不寻常的日子。这一天，努尔哈赤面对天地祖宗，以“七大恨”发出了向明朝复仇、讨还血债的誓言。

白山黑水回荡着努尔哈赤如滚雷般雄浑的声音：

吾父、祖未损大明禁边一草寸土，明于边外，无故起衅，杀我父、祖，其恨一也。

虽杀我父、祖，我仍欲修好。曾勒碑盟誓云：凡明国、诸申人等，若越帝界，见者即杀。然明军践踏盟约，令兵出边驻戍，援助叶赫，其恨二也。

明人于清河以南，江岸以北，每岁窃踊边境，侵扰劫掳诸申地方。我遵前盟，杀其越界之人。然明置前盟于不顾，责我擅杀，执我使者，并缚以铁索，挟令我献十人解边杀之，其恨三也。

明人遣兵出边戍，援助叶赫，致使我已聘之女，转嫁蒙古，其恨四也。

柴河、三岔、抚安三处，我累世分守，收获耕种，明兵驱逐，其恨五也。

偏听叶赫之言，遣人致书，以种种恶语辱我，其恨六也。

哈达人曾助叶赫，两次来侵，我反攻克之，天遂以哈达畀我。其后，明帝又助哈达，胁迫我以还其地。我遣释之哈达人，又屡遭叶赫人遣兵侵掳。遂使天下诸国人互相征伐。天非者败而亡，天是者胜而存也！岂有使死于兵者复生，所获之俘遣归之理乎？若称天授大国之帝，宜为一切国家之共主，何独为我之主？初扈伦合攻于我，天谴扈伦启衅，而以我为是。该明帝又如此上抗于天，偏助天谴之叶赫。何以倒置是非，妄为剖断？其恨七也。

翌日出征，努尔哈赤兵分两路，命左翼正黄、正红、正蓝、镶蓝四旗进攻东州、马根单（均在抚顺境内）。自统右翼正白、镶黄、镶白、镶红四旗及精锐亲兵，直捣抚顺。

努尔哈赤自起兵至此，已有三十五个年头。统一女真，扫清外围，韬光养晦，发展壮大。他终于在花甲之年，作为一个顶天立地的真正对手，正面站在了明朝之前。

终于等到了这一天。

努尔哈赤心中的兴奋、激动、紧张，无可言喻。

他太想赢了。世世代代女真——满族人的生命，加在他的生命上，使他感到了沉甸甸的分量。

努尔哈赤次子代善了解父亲的心，小心奏道：

> 吾久已同大明交好，因其不道，方成仇隙。今兴师已至其境，若回师，吾等更与大明和好乎，抑为敌乎？且兴师之名，孰能隐之？蒙天赐雨，可掩敌之耳目矣。

努尔哈赤颔首。

其实，他的担心是多余的。为打抚顺他做了足够的过细的准备。兵力部署、攻城器械……一切一切，都完备了再完备。

大战之前，他甚至还派次子代善赴广宁府城拜访明辽东总兵张承胤。《明史》记载代善对张承胤直截了当道：

父志不小，屡谏不入，万一南向，大将军计将何出？

喝得大醉的张承胤竟以为是笑谈，“惟盛赞明朝威德”。

代善大笑，张承胤也笑。

代善大笑而去。

进攻前一日，努尔哈赤派人至抚顺边关，声言明日将有三千女真人前来赴马市。

此时，假冒商人的后金兵将果至抚顺马市，诱哄商人军民出城贸易。

当天夜半时分，努尔哈赤之子皇太极率五千精兵抵达抚顺城下。并按约定，吹起了胡笳。

凄厉的笳声在长夜中回荡。突然，笳声变成了惊天动地的号炮。熊熊大火中，铁骑突出，刀枪鸣响……

凌晨，抚顺城已被后金兵团团围住。

努尔哈赤执一人，遣书致明军守将游击李永芳，书曰：

因尔明兵越边驻守，我方征伐。尔抚

顺城主即战亦不能胜也。

倘尔不战而降，则不扰尔属兵众，不损尔之大业，仍照原礼，予以豢养。尔乃博学聪明之人也，我已擢拔多人，以女妻之，结为亲家，况且对尔，岂有不超升尔原职，不与我一等大臣等并列豢养之理乎？

望尔勿战，战则我兵所发之矢，岂能识尔？若为无目之矢所中，必亡矣。即战则力不敷，虽不降而战死，亦何益焉？若出城迎降，则我兵不入城，尔所属兵众，皆得保全也。若不出降，我兵攻入，村中妇孺，必至惊散。假使如此，与尔不利也！

尔勿以我言为无信，不得尔此一城，我岂能罢兵乎？失此机会，悔无及矣。倘城中大小官吏，军民人等献城归降，妻子亲属，俱无离散，亦乃尔等之大幸也。

降与不降，尔等应熟思为好。勿以一时之小忿而无信于我，勿失事机，出城降可也。

李永芳得书，犹豫不决。一面穿官服骑马立于城南门上，表示愿意议和；一面暗令军士备守具，坚守城池。

努尔哈赤见状，毅然下达攻城令。皇太极等立即率部架梯登城，迅速登上城头，里应外合。李永芳见势不妙，被迫出降。

几乎与之同时，左翼四旗攻克东州、马根单的捷报到了。

努尔哈赤兴兵反明，旗开得胜。一举攻取抚顺、东州、马根单三城。而后毁城班师。

此时，明总兵官张承胤闻讯，率兵万人仓皇赴援，尾追不舍。

努尔哈赤轻蔑道：

> 彼等岂敢以卵击石？无非是想诈称将我赶出边界，欺骗大明皇帝而已！

皇太极与代善上前道：

> 禀父汗，默默而归，恐明军以我为怯战。不如乘势打援，以张军威。

努尔哈赤道：

可。

皇太极与其兄代善遂统兵三面环攻明朝援军。

明军据山之险，分兵三地立营浚壕，布列火器以待。然风云突变，黄尘蔽日涨天，人马咫尺不能辨。明军站立不稳，阵脚稍移。

皇太极等看准时机，一马当先，率领惯于在恶劣气候下作战的八旗铁骑冲向明军，犹如从天而降的金甲神将。明军大败。广宁总兵官张承胤、辽阳副将颇廷相、海州参将蒲世芳以下大小五十余员将官阵亡，全军覆没。后金军获马九千匹、甲七千副，兵仗器械，不可胜数。

努尔哈赤继统八旗铁骑，横扫百里，掳掠庄屯小堡五百余处，俘获人畜三十余万，降民编为一千户。

空前的胜利，刺激了努尔哈赤和全体后金官兵。一个月后，努尔哈赤率后金军再下抚安堡等大小十一堡。七月，攻陷清河、一堵墙、碱场三城。

清河与抚顺同为辽东门户。两城到手，努尔哈赤胆大气粗。他将一名明军俘虏血淋淋割去双耳，逐回明军送信。信中强硬道：

若以我为非理，可约定战期出边，或

十日或半月，攻城决战。若以我为合理，可纳布帛，以图息事。

明军惨败，“全辽震动”。明王朝“举朝震骇”，作出了大举征剿后金的决策。

当时明辽东驻军不满八千，与努尔哈赤虎贲三万相比，兵力悬殊，且腐朽不堪，如时人所说：

今之将领，平日不习战，大都以退缩为得计……累年以来，不修兵具，朽戟钝戈，援急不足为用，金鼓几于绝响，士兵不能开弓，或开弓而不及十步。偶令之截杀，股栗腕战，面孔殊无生色。

明万历四十七年（公元一六一九年）二月，明王朝筹饷二百万两，从福建、浙江、四川、山东、山西、陕西、甘肃等地调集八万八千多兵马，加上征调的叶赫兵一万人，朝鲜兵一万三千人，总计十一万多人，号称四十七万，命所谓“熟谙辽事”的兵部右侍郎杨镐为辽东经略，坐镇沈阳，指挥四路大军，分进合击，直取赫图阿拉城，企图一举消灭后金。

西路为明军主力，兵力约三万人，由久经沙场的山海关总兵杜松率领出抚顺关。

北路兵力约二万人，另有一万叶赫兵，以总兵马林率领，出靖安堡。

南路兵力约二万人，以辽东名将李成梁次子总兵李如柏率领，出鸦鹘关。

东路兵力一万五千明军、一万三千朝鲜兵，以总兵刘綎率领出宽甸、晾马佃。

因杜松所率西路军尤为重要，命总兵王宣、赵梦麟协助；以辽阳为辽东重地，派总兵官秉忠，辽东都司张承基领兵驻守，另派管屯都司王绍勋总管运输各路粮草。分派已定，明廷以为：数路齐捣，十日毕事耳。

知己知彼，努尔哈赤也在准备。

他善于用间，当明军在辽东聚集、虚张声势之时，即派人打入明军内部收集情报。明军驻防、调动、粮草、进兵等，一一了然于胸。史载：

> 明兵未发，而师期先泄，建州得预为备。

努尔哈赤既侦知明军的作战部署和行动计划，便召集诸贝勒大臣共同商讨对策。他采用降将李永芳提出“任他几路来，我只一路去”的建议，确定了针对明军分散力弱的弱点，利用天寒地冻、大雪封山的有利天气和地形，集中优势兵力、各个击破的战略决策。指出：现得探报，西路杜松率明军出抚顺关，东路刘綎率明军进入董鄂境内。明使我先见南有兵者，是诱我兵南下。可知，其由抚顺所西来者，必为主力，急宜拒战，破此则他路不足患矣。

因只派五百人阻击东路明军，而命大贝勒代善为先锋，统领八旗主力奔赴西线迎敌，自己亲率精锐巴牙喇（亲兵护军）殿后。

代善率大军正行之际，有哨探报称清河路又见明军，代善断然道：

> 清河之界道途逼仄、地势崎岖，纵有兵来，未能骤至，我兵惟先往抚顺以逆敌兵！

八旗大军继续西进。

大战的帷幕拉开了。

萨尔浒、吉林崖之役

明朝政治腐败，社会矛盾尖锐，广大人民及官兵对现实不满，反对打仗。从全国强迫征调来的许多士兵“不愿出关”，仗还未打，便大批逃亡，“前调三千到辽只八百”，一次就逃走二千多人。一些军官也纷纷“求调”。

明军原定二月二十一日出师，因大雪封路，延至二十五日。杜松、刘綎未清辽东地形，请再展期。经略杨镐为之大怒，悬尚方剑于军门，下令克期出兵。于是，杜松于二十九日率领明军主力出抚顺关，日行百里，直抵浑河。

杜松乃陕西榆林大汉，出身将门，以骁勇著称，久历封疆，战功累累。出征途中曾褫去上衣，以满布刀瘢箭痕的躯体裸示众将士，道：

> 某不识字武夫，惟不学读书人贪财害死耳！

众将士无不咨嗟挥涕。

然杜松却性躁气盛、有勇少谋、酗酒贪功，并非帅才。

杜松率明军赶到浑河岸边，天色已黑，他驱军连夜渡河。不料努尔哈赤早已命人在上游壅沙阻水，明军一入河中，上游便掘沙放水。河水猛涨，水深没肩，明军溺水千人。辎重及大炮火器均被大水阻挡而未渡。

三月一日，杜松率浑身湿透、疲惫不堪的明军在界凡城下与小股巡哨的后金游骑遭遇。

界凡城位于“形势险要，扼锁阳之咽喉”的铁背山上，北临浑河东岸的吉林崖，西隔苏子河与萨尔浒山相望，两地相距十余里。过了界凡城往东，便是距后金都城赫图阿拉一百余里的通衢坦途。

界凡城，是通往赫图阿拉的必由之路，因为两军必争之地。

杜松在萨尔浒山麓结寨扎营，留兵两万，自率领一万兵马渡过苏子河界凡渡口，进抵界凡城下吉林崖，企图迅速攻下界凡城。如此致使兵力本就分散的明军兵力更加分散。

努尔哈赤、代善也已率六万八旗主力赶到了界凡城。他见杜松将三万兵马分作两处，便当机立断道：

> 现申时，天色已晚。当命左翼四旗先破萨尔浒山上之兵。此兵败走，则吉林崖之兵自丧胆矣。

他将右翼一旗分出增加给左翼四旗，亲自率领攻打萨尔浒；又令代善、皇太极统领右翼其余三旗，在界凡城监视吉林崖下的明兵，待他击败萨尔浒明兵后，即向下冲击，其时，他自会前往增援。

分派停当，努尔哈赤亲率五旗三万七千多精锐，以在局部上绝对压倒明军的优势兵力，直扑萨尔浒大营。

明军仓促应战，被杀得丢盔弃甲，人仰马翻。总兵王宣、赵梦麟等尽皆战死，残余明兵向北一直溃逃到浑河，人马杂沓，争抢渡河，淹死者不计其数。死者满山遍野，血流成渠，军器与尸体冲于浑河者，如解冰旋转而下。

努尔哈赤率后金军紧追不舍，将明残兵败将全歼于得力阿哈一带。而后挥师回攻吉林崖。吉林崖下的明军见萨尔浒明军已破，俱成惊弓之鸟。代善、皇太极统领右翼三旗则如猛虎下山般向吉林崖下冲击，后金八旗军以在局部上五倍于明军的绝对优势上下夹击，明军兵败如山倒。统帅杜松杀得两眼发红、矢尽力竭，落马而亡。

萨尔浒、吉林崖血流成渠，浑河成了血河。西路明军主力全军覆没。

尚间崖、斐芬山之役

明总兵马林率领北路明军，由三岔口进入后金地界。三月初一晚，到达萨尔浒西北一百三十余里的富勒哈山尚间崖。杜松兵败的消息使军中士气陡降，马林转攻为守，摆出了“牛头阵”。他亲自率兵将驻尚间崖，依山结成方阵。

四面环营，浚壕三匝，列火器，使习火器者步行立壕外，其外密布骑兵，又列诸火器，其他士卒皆下马结方阵，列于壕内。

继命将领潘宗颜、龚念遂分别在斐芬山和斡珲鄂漠扎营，两营相距数里，互为犄角，彼此声援。然三营鼎足的牛头阵又犯了兵力分散的大忌，再次造成努尔哈赤集中兵力，各个击破的良机。

努尔哈赤消灭了西路明军，挥师北上追敌。因天已昏黑，宿于巴尔达岗，大贝勒代善领兵宿于哈克山，其他诸贝勒大臣率军沿土木河警戒。

三月初二日清晨，努尔哈赤先与四贝勒皇太极率一千人马进攻斡珲鄂漠，杀龚念遂、李希泌等，全歼其众。随后率亲军迅速进抵尚间崖，命八旗兵下马步战。大贝勒代善直入其阵，二贝勒阿敏、三贝勒莽古尔泰与诸大臣等，亦率旗冲阵。两军激战，明兵大败。

与之同时，未参战的八旗兵不待布列行阵，便纵马飞驰，直冲马林大营。顷刻之间，明军溃败，副将麻岩及大小将士皆阵亡，总兵马林仅以身免，逃回开原城。

努尔哈赤消灭尚间崖明兵后，东进攻打驻守斐芬山的明军潘宗颜部。努尔哈赤命后金兵半数下马步战，擐重甲者执长矛及大刀在前，轻甲者自后射箭，另一半骑马在后，向山上推进，以成包围之势。斐芬山明军顽强抵抗，不断发射火器，但后金兵更加英勇，奋勇冲击。潘宗颜阵亡，全军被歼。

至此，北路明军全数败亡。

阿布达里岗之役

努尔哈赤连败两路明军，回师途中得到探报：

明总兵刘綎率领的东路明军已抵达阿布达里岗，距离赫图阿拉城只有五十余里；明总兵李如柏率领的南路明军已进抵虎栏，形势危急。

回到赫图阿拉后，努尔哈赤即命代善、阿敏、皇太极及扈尔汉等人率主力东迎伏击刘綎。其自领四千兵马留守，防范李如柏率领的南路明军。

东路刘綎是与杜松齐名的勇将，身经百战。曾列骏马五十余匹，跳跃其间，身轻如燕；使一把百二十斤重的镔铁刀，马上轮转如飞，人称“刘大刀”。然而他只有万余临时拼凑的杂牌军和一万朝鲜兵。虽由于担任东向佯攻的任务出师最早，但因“道独险远，重冈叠岭，马不得成列”，“雪晴风起，寒冽殊甚”，“师行仅赍三日粮”，粮尽无济，沿途不断遭到后金小股轻骑阻击等原因，消息闭塞、进军迟缓。直到三月二日方渡过浑河，抵达距赫图阿拉约五十里的阿布达里岗。一万朝鲜兵在元帅姜弘立的率领下，翌日到达距阿布达里岗十里的富察。

三月四日，刘綎率军在毫无察觉的情况下，步入了阿布达里岗后金八旗军的伏击圈。

埋伏在这里的八旗兵已守候多时，山冈上、丛林里、低谷中到处都是伏兵，专候疲于奔命的明军自投罗网。

刘綎军队半入伏中。此时，皇太极率部打着杜松旗帜，穿着明军衣甲骗入刘綎营中，乘刘綎毫无防备，突似山洪暴泻般冲入军中，明军立时大乱。弥山遍野的八旗伏兵趁势四起，将刘綎军队团团围住。

刘綎虽年过花甲，英勇不减当年。先是左臂受伤，接着又被一刀劈在面上，截去半颊，犹左右冲杀，歼数十人而死。

第三路明军又沦于覆灭的下场。随征朝鲜兵亦缴械投降。

明辽东经略杨镐，惊悉三路丧师，急檄李如柏回师撤往清河。但明军已草木皆兵，李如柏三万兵马，沿途听到山上后金二十余巡逻哨兵的鸣螺声，即吓得丢盔卸甲，“夺径路而遁，相蹂践死者，复千余人”。

这就是震惊一时的萨尔浒大战。

明朝为这次战争，动员了全国的人力物力兵力财力。结果，四路大军，三路覆灭。“覆军杀将，千古无此败衄。”

开源、铁岭“人逃之尽矣”。沈阳辽阳“民逃军逃，将哭道哭，大小将吏，无不私蓄马匹为逃走计者”。京师上下惊恐万状，“人心惟怯，谈虎生变”。“大小臣工，无不骇愕”，“官吏士民以及商贾向寓京师者，卒多携家避难而去”，“其间惶惶之状，不能以旦夕待”，“国家之计，岌岌乎殆哉”！

努尔哈赤则从此扬威天下。

此次大战，努尔哈赤歼明将四总兵以下三百一十余员，兵丁四万五千八百余名，俘获火器牲畜无数，使后金与明朝关系发生了根本变化，抓住了战争主动权。他志得意满，道：

> 大明皇帝以二十万兵，声言四十七万，分四路来战。各国（指女真、蒙古各部与朝鲜）闻之，若以为我分兵破之，必称我兵众；若以为我是往来剿杀，必称我兵强，总而言之，胜报闻于四方，无有不称我兵之能也！

萨尔浒大战后，努尔哈赤乘胜连下开源、铁岭，大掠。

八月，攻灭叶赫。

明朝在辽东的统治动摇了，军事力量一蹶不振，对后金只有招架之功，再无还兵之力。军队“坚甲利刃，长枪火器丧失俱尽”。将士“一闻警报，无不心惊胆丧”，“装死扮活不肯出战”，“各营逃者，日以千百计”，“人人要逃，营营要逃”。

河东一带，“赤地千里，刍粟一空，人马倒卧，道路枕藉”，开源、铁岭、辽阳、沈阳等城，皆置于努尔哈赤的兵锋之下。

努尔哈赤的旌头指向了沈阳、辽阳，他本想迅速攻占两城，以之为反明根据地，不料受阻。

明廷将杨镐正法，为挽回辽东败局，命熊廷弼任辽东经略。

熊廷弼阵斩逃将，躬祭死事将帅军民，“兼程冒雪，遍阅形势，招流移，缮守具，简士马，肃军令，主固守不浪战，集兵十八万，分布瑷阳、清河、抚顺、柴河、三岔、镇江诸口，小警自御，大警互援；更选精锐为游击，乘间掠零骑，扰耕牧，更番迭出，以俟际会”，此外，积极联合朝鲜，以之“防守江边”，牵制后金。

熊廷弼的作为，使努尔哈赤踌躇不前。

按兵不攻者岁余。

不久，明万历帝、泰昌帝相继病亡，天启帝即位。一年之内帝位三次更迭，使明统治集团党争加剧。天启帝听信谗言，罢熊廷弼，以袁应泰代之。袁应泰乃文官，不识兵。一方面以熊廷弼用法太严，“以宽矫之，多所更易”；一方面变熊廷弼防御固守的方针为盲目进攻。

努尔哈赤的机会来了。

后金天命六年（明天启元年，公元一六二一年）二月，努尔哈赤倾后金之兵，分八路攻克奉集堡，揭开了辽沈大战的序幕。

三月，努尔哈赤统兵抵达沈阳。他先以探马诱敌出城歼之。而后大举攻城。

对付明军。努尔哈赤采用了一种几乎无往不胜的攻城之术。

攻城器械名楯车。楯车上装五六寸厚的木板，上裹生牛皮，用来遮挡明军火器。楯车后跟着弓箭手，以楯车为掩护射发劲矢。弓箭手后是装载泥土的小车，用于填壕塞堑。再后面是重甲铁骑。一般明军先发火器后冲锋。明军火器齐发时，后金八旗兵则以楯车抵挡；明军装火药时，后金弓箭手则万箭齐发。推着载土小车的后金士卒，在弓箭手掩护下将明军壕堑填平。最后，重甲铁骑从两翼突出，以雷霆万钧之力，将只剩招架之力的明军围而歼之。

三月十三日，努尔哈赤首下沈阳。

战中，努尔哈赤统帅八旗铁军举如闪电，动如雷霆，发如风暴，纵横驰突，所向披靡。

是的，也许部分明军的拼死抵抗，如沈阳守将贺世贤身中十四矢犹自厮杀，白塔铺万余川浙援军以一当五，全军力战而死，无一退缩等给他留下了极深的印象，使他心头掠过了一丝惊异与不解。但是，他没有也无暇静心思索，正如他没有也无暇静心思索最终为什么要继续同明朝交战的问题一样。他完全沉浸在勇武宣泄的酣畅、夺取胜利的狂喜之中。

直到目睹明朝御史巡按张铨慷慨赴义的悲壮场面。

三月二十一日，努尔哈赤攻克辽阳。

明总兵官朱万良等阵亡，一些官员自尽，一些官员出降。时明经略袁应泰见大势已去，对张铨叹道：

公无守城责，宜急去，吾死于此也！

随后佩剑印自缢而死。张铨不走，被俘。

他拒不换去明朝官服，“衣绣衮甲”，挺立于庭。

努尔哈赤左右压他跪拜，他瞠目大呼：

我乃天子宪臣，岂能屈膝！

努尔哈赤左右威胁利诱，令他投降，他从容道：

我受朝廷深恩厚禄，若降汝苟活是遗臭后世也。尔虽欲活我，我却只求一死。活我，你国声名远播；捐躯，我则流芳千古矣。

努尔哈赤动容，道：

既如此，宜赐死以遂其志。

他的儿子皇太极十分惋惜，上前劝道：

过去宋朝徽钦二帝被金太宗所擒，尚且屈膝伏受公侯之封，我真心想让你活，才给你讲这段往事，开导你，你为什么如此固执呢？

张铨微微一笑，朗声道：

徽钦乃乱世小朝廷耳。我当今皇帝天下一统，共主称尊，我岂屈膝而损大国之礼耶？留我十日犹可，十日之后我绝不再生。我之所以可暂活十日，是为苍生计也。过去我将吏愚而不谙时务，致使生灵涂炭，今观你兵，战亦何益？徒伤生耳。我当奏闻于朝，令两国和好，免生灵于锋镝。

张铨被杀，但他铮铮铁骨、视死如归的形象以及铿锵答辞所体现出的精神给努尔哈赤强烈的震撼。

为什么与明交战？

这在最初简单而又明了：因为明朝欺凌女真，是阻碍女真统一的最大障碍，是支持叶赫等部抗拒统一的后台。“七大恨”中有“三大恨”由于明朝对女真实行民族压迫；有“四大恨”由于明朝支持叶赫等部，阻碍女真统一。

有恨便有仇。

努尔哈赤统一女真即已是报仇。

那么后来为什么还要与明交战？

是以攻为守，以不停顿的征伐使明朝得不到喘息的机会，从而巩固已有的胜利？还是明朝境内那一望无际的肥沃土地、那稠密的村庄众多的人口、那遍地的财富牛羊亮出了耀眼的诱惑？或者只是一种巨大的惯性，推动着包括努尔哈赤本人在内的全体后金将士勒紧缰绳，向南向南，驰骋冲杀？

宋朝徽钦尚且属乱世小朝廷，地处边陲的后金国，又将若何？

天下一统，共主称尊。

只有入主中原，取代明朝。天下一统，共主称尊。

努尔哈赤迁都辽阳。随之轻取广宁。从而突破了明军辽河防线，为后金——清有一天叩开明朝关门，直逼北京，扫清了道路。

努尔哈赤图南入关、与明朝争夺天下的决心也愈益坚定和明确。他曾说：

> 以大为小，以小为大，乃自古以来循环之例矣……我汗公正，蒙天眷佑，其南京、北京、汴京，原非一人独居之地，乃诸申汉人轮换居住之地也。

后金天命十年（明天启五年，公元一六二五年）努尔哈赤迁都沈阳。

努尔哈赤以“天下共主”的身份自视自求。

他笃信自己身膺天命，一向以“天下共主”的宽阔胸怀，恩养蒙古人、朝鲜人和汉人，恩养贫民和乞丐，恩养一切投顺和降服他的人，将如海的君恩广布于他的臣民。

从政策、手段甚至到性情，在努尔哈赤进入辽沈后，发生了巨大变化。

面对先进的汉族聚居区，以努尔哈赤为首的后金统治集团仿佛一群井蛙突然来到了山巅，望见了壮阔无垠的大海。他们惊叹、兴奋，为自己入主中原的目标，为自己即将成为这大海的主人而激动不已，却又自惭形秽。征服者的地位与奴隶主的野蛮，复杂的民族情感、偏见与猜忌，心理上的不平衡与传统观念的惯性，使他们向汉族人民举起了屠刀，企图以削足适履的办法，将汉族地区纳入后金国旧有的体制。

大屠杀。后金天命四年（明万历四十七年，公元一六一九年），努尔哈赤攻陷开源，“屠害人民亡虑六七万口，子女财帛之抢来者连络五六日”，“遇唐人辄尽屠”。后金天命六年（明天启元年，公元一六二一年），努尔哈赤攻陷辽东，“恐民贫思乱，先拘贫民杀尽”，“恐民富聚众致乱，复尽杀之”。又“察出明绅衿，尽行处死，谓种种可恶，皆在此辈，悉诛之”。又纵兵屠杀当地商贾五万人，并挨户搜查，凡状貌可疑者皆杀。仅鞋匠、木匠、裁缝、优伶四种人不杀。

大掳掠。据载：“国初时，俘掠辽沈之民悉为满洲奴隶”，“抗拒者被戮，俘取者为奴”。攻占抚顺时，“论将士功行赏，以俘获人口三十万分给之”。命全城大户人家留九件衣服，中户人家留六件，小户人家留三件，其余全部衣物上交，有汉民甚至于裸体，很多妇女不胜其辱而自杀。

努尔哈赤进入辽沈以前，女真族的统一和对明朝的战争，促进了后金国的经济发展，驱使奴隶耕作的“拖克索”（汉译“农幕”）庄园有长足发展。

明万历中期，努尔哈赤及下属三十一名首领，只六人有“拖克索”，努尔哈赤自己一处，其弟舒尔哈齐两处，舒尔哈齐女婿童时罗破一处，努尔哈赤从弟童阿斗一处，地方首领童流水一处。且规模不大，如童流水在蔓遮川的“拖克索”，“仅二十余日”（“日”也作“垧”，后金土地计量单位，约为六亩），合一百多亩地。而随着努尔哈赤统辖区域不断扩大，土地和物质财富日益增加，奴隶人数愈来愈多，“拖克索”也急剧增加。后金天命四年（明万历四十七年，公元一六一九年），朝鲜《建州闻见录》记载，后金上自努尔哈赤、贝勒、大臣，下至八旗士兵“皆有奴婢、农庄”。一名八旗将领占有“拖克索多至五十余所”。

“拖克索”成为后金土地所有制的主要形式，标志着后金社会奴隶制的成熟。

努尔哈赤曾对诸贝勒大臣道：

若无阿哈（奴隶），额真（主子）何以为生？

若无诸申（女真内部自由平民），贝勒（诸王）何以为生？

努尔哈赤是作为奴隶制臻于成熟的他的后金国、他的民族的代表，进入了辽沈，进入了政治、经济、文化相对先进的汉民族区域。

进入辽沈后，后金社会有了空前的扩展，由单一的社会经济结构，转化成多种社会经济结构的交错，特别是与汉族地区先进的社会经济结构的交错。

努尔哈赤一方面要维护满洲八旗作为战胜者、占领者、统治者政治上和经济上的优势地位；一方面“既不愿又不可能把辽东地区的广大汉族人民在八旗内部消化”；一方面作出将辽沈汉民从明朝黑暗统治的火海中拯救出来的救世主姿态，于后金天命六年（明天启元年，公元一六二一年）七月，在辽阳颁布“圈地与计丁授田”令。

“圈地与计丁授田”令的第一部分内容是圈地。《满文老档》记载如下：

（天命六年七月）十四日，一行将前往

分田，故先期告谕各村曰：在海州地方取田十万日，在辽东地方取田二十万日，共取田三十万日，给我驻扎此地之兵马。

也就是说，努尔哈赤下令在辽东地区和海州等卫，圈占原汉民土地共三十万日，以安置从浑河上游、苏子河流域迁至辽东的满族八旗贵族、勋臣、兵丁及家属。他认为辽东地区有很多荒地，可以作为圈占土地的基础，道：

若这一带足我等所取者三十日则已，倘有不足，着尔等自松山堡直至铁岭、懿路、蒲河、范河、欢托霍、沈阳、抚西、东州、马根单、清河、孤山耕种；倘彼处仍有不足，着（尔等）出边耕种。

这一做法，恰恰成为顺治年间清军入关后，在京畿等地区实行圈地、拨补换地等政策的先河。

“圈地与计丁授田”令的第二部分内容是对辽东新占领区的汉民实行“计丁授田”。《满文老档》记载如下：

往日尔尼堪国（尼堪国为满族对明朝或汉族地区的旧称）富人广占田土，雇人耕种，食用不完，粜卖粮食。贫穷之人，无田无粮，籴粮食用。一旦财尽，沦为乞丐。富人与其屯粮霉烂，聚财闲置，何若赡养乞讨无着之贫者乎……今年所种之粮着(尔等)各自收取。现我清点田数，将平均分给每一男丁五日种粮之田，一日种棉之田。尔等毋得隐匿丁口，倘若隐丁，不得其田矣……凡乞丐、和尚均授给田亩。着（尔等）力作其田。三男丁耕种公田一日。二十男丁内，一人当兵，此二十丁内一人应役。

也就是说，努尔哈赤下令革除明朝辽东地区土地集中、贫富不均的弊病。首先将辽东地区全部土地收归后金国家所有，然后圈占三十万日土地给予八旗，再后将其他土地以每一男丁给六日，五日种粮一日种棉；每三丁种官田一日，每二十丁一丁当兵、一丁应役的方法，在辽东汉民中平均分配。

“圈地与计丁授田”令的重点，在于圈地。为了保持满洲八旗的政治经济优势，为了保持满族八旗的战斗力，作为战胜者、占领者、统治者的努尔哈赤，理所当然剥夺被占领地区的土地为八旗所有，实行原有奴隶制的生产方式。所余之地，才尝试着对原居汉民重新分配土地，以改变明朝统治下的社会弊病。

只是第一，由于重点是圈地，是保证满族八旗对土地的占有，而土地却无论如何是有限的。原居汉民没有能够分到足额的土地。第二，努尔哈赤改变明朝统治下社会弊病的做法，虽在他本人几乎是从奴隶制统治思想到封建制统治思想的飞跃，但充其量只能算是尚未脱尽农奴色彩的封建制的初级阶段，如每三丁种官田一日的劳役地租，每二十丁一丁当兵、一丁应役的耕战合一的做法等，对于辽东地区的汉族人民仍是不能容忍的倒退，于是受到了汉族人民以各种方式进行激烈反抗。

叛逃。后金天命八年（明天启三年，公元一六二三年），夹山河十二户人家，扶老携幼逃离后金辖区；刘济屯五村汉人乘高粱秆编成的筏子渡辽河投明；复州一万一千多男丁叛逃投向明朝；鞍山、海州及周围之人纷纷叛逃。村村堡堡没有了鸡鸣狗吠、生息炊烟，只有刺耳呼啸的寒风在空旷的残垣断壁中随意穿行。

暴动。后金天命六年（明天启元年，公元一六二一年），以金州两秀才为首的十人“合谋作乱”。镇江（丹东附近）陈良策率众起事，将后金守将佟养正执送明朝。汤站险山农民群起响应，成群结队南行投明，后金军眼睁睁看着，不敢近前。

后金天命八年（明天启三年，公元一六二三年），岫岩千名汉人乘木船八艘，独木船十四艘逆岫岩河而上，猛烈炮击后金五处哨探，后因寡不敌众，全部战死。

后金天命十年（明天启五年，公元一六二五年），镇江、凤城、岫岩、长岛、双山、平顶山、海州、鞍山、首山、彰义等地都树起了反抗后金的义旗。

偷袭，暗杀，投毒。后金天命八年（明天启三年，公元一六二三年），催征公粮的后金官吏有被汉人绑架，放到车上带走杀死；有因单独行动，被汉人杀死；有被汉人以交朋友为名，骗到家中杀死。与此同时屡屡出现汉人在水、酒、猪肉中下毒，毒死后金军民的事件。

整个社会动荡不宁。

后金天命七年（明天启二年，公元一六二二年）三月，努尔哈赤甚至以“光棍盗贼尚无畏惧”，下令嗣后满人不许与汉人交友，不许与汉人接触，不许单独外出，必须携带弓箭，十人结队而行，若结伙不足十人，而九人同行，“见即捉拿”，罚银九钱，“八人者罚银八钱，七人者罚银七钱，一人者罚银五钱”。六月下令“凡诸申汉人开设店肆之人，务将肆主姓名刻于石上或木上立于肆前，若不书名则罪之。无店肆携物售卖之人，概行禁止，以防下药鸩人。尤应晓谕我诸申妇孺，凡购食之人务记肆主姓名”。还要注意水、盐、葱、瓜、茄子、鸡鸭，以免遭汉民投毒暗算。

后金天命八年（明天启三年，公元一六二三年）五月，努尔哈赤密斥诸贝勒不明审理汉人案宜重于满人之理，道：

> 尔等诸贝勒大臣皆图个人安逸，实当唾尔等之面！尔等断案，竟似牛骡一般！何故将汉人与我诸申等同视之？倘我诸申犯罪，当问其功论其劳，稍有口实，即可宽宥之。汉人乃生还之人，若不忠心效力，复为盗贼，岂可不灭其族而杖释之？从费阿拉与我等同来之汉人，方可一体审断之。着八贝勒召集尔等各旗之贝勒大臣等，密阅此谕，勿使他人闻之。

后金天命九年（明天启四年，公元一六二四年）正月，努尔哈赤以“圈地”“计丁授田”后，汉人无法安居，农事荒废，逋逃不绝，怒颁谕令：

> 凡偷杀牛马者，火烧积粮、屯舍者，皆系不事耕作、无粮、游荡各处之光棍。此等无食闲荡之乞丐、光棍，一经发觉，即行捕送。若有妻孥，将其赏与捕送之人；若无妻孥，则赏捕送者银三两。

六日后，努尔哈赤下令屠“无粮之人”。

后金本缺粮，“圈地”“计丁授田”后，辽民被迫迁徙，粮荒益重。先是，努尔哈赤命逐村逐户清查汉人粮食，全部登记，交八旗看守。规定凡与诸申同居汉人，每口有五升粮，或每口仅有三四升粮但有牲畜者，为“有粮人”；每口有三四升粮以下并无牲畜者，为“无粮人”。至是，努尔哈赤下令将各地查送之“无粮人”全部杀死。

更由于他的爱将刘爱塔（明朝称刘兴祚，朝鲜人，原名刘海，后为刘綎家丁，在萨尔浒大战中被俘，官升副将，坐镇辽南）亦两次密谋以复州作明朝内应而叛，而下令于复州屠城。

努尔哈赤此次虽独留刘爱塔未杀，但“恩养”的信念已彻底动摇。

后金天命十年（明天启五年，公元一六二五年）十月，努尔哈赤下令命各地“甄别汉人”。谕曰：

> 我等豢养汉人，而汉人却置棍棒不止。着总兵官以下，备御以上，各往其屯，甄别屯中汉人。常言道：豹子好辨，人心难测。恐尔等误信奸佞，当专心察办。
>
> 凡以谣言煽惑本地乡民者，或原为明官，或已革生员、罢职之官员，此等人皆另行甄别正法。凡为我建城池、官差者，设庄屯养之。无妻孥独身及应加豢养者养之，赐以妻、衣、牛、驴、粮等，命建庄屯。而不该豢养之独身人及抗命不从者，亦加正法。
>
> 自八贝勒庄屯之汉人以及所有入诸申家之人，皆执之加以甄别。诸申中若有隐匿不举者，罪之。凡明时并非千总而由我委为千总者，一向居住沈阳及携父母全家来投者，则免之。家虽住沈阳但未携父母、

> 妻室，仅以外妾假冒居住之名者，不准居住。九月以来因海州、耀州消息惊惶避入沈阳者，亦不准居住，照例甄别。

此谕虽有某类人可加豢养的内容，但实际是对汉人特别是对汉人知识分子开始大屠杀的信号和命令。努尔哈赤心头之恨犹自未解，特令杀汉人时要出示如下的布告：

> 我取辽东之后，未杀尔等，未动田宅财物，皆加豢养。如此豢养，竟成不是。
>
> 古河之民，杀我所遣之人而叛。马前寨民，杀我使者而叛。镇江民执我委任之佟游击送明而叛。长山岛(今辽宁省大连市东)民，擒我所遣之人送广宁。双山(今阜新县阜新镇西南)民，潜通敌兵，杀我之人。岫岩(今岫岩县东十里)之民叛逃，为费书生首告。复州之民反叛，带领明船前来。平顶山隘口之民，杀我四十人叛乱。
>
> 不思我豢养之恩，仍向明朝，故杀此有罪地方之人。无罪地方之人居住日久，难免为乱，故迁至北方，给以田宅粮食。

虽加豢养，窝藏奸细、接受札付及叛逃者仍络绎不绝。本年船城之人、耀州之人，欲携全家投明。彰义站(今沈阳市西南)民，为配合明兵袭击诸申置备棍棒。鞍山(今鞍山市西南)、海州、金川、首山(今辽阳市南)等处堡民，皆曾窝藏奸细，勾引明兵。此种种恶行，皆系在外书生、官员亲戚及前大臣之教唆。至于沈阳城内官员及筑城、充役之人，无非受尔等株连而被杀。总之，尔等既不思豢养之恩，心仍向明，故杀尔等外乡之为首者，即为此也。

若听任豢养之人自处，则受诸申侵害。故皆编为汗与诸贝勒庄屯，一庄给男丁十三人、牛七头，田百垧，二十垧为官田，八十垧供尔等食用。庄编男丁十三人，牛七头。庄头兄弟计入男丁数内将庄头带至沈阳，陪住于牛录额真家，二庄头之家居住一处。有事，则令二庄头轮番值班前往催办，诸申勿管。庄头之名，庄内十二男丁之名及牛、驴毛色，皆缮写清单，交该屯章京，由前往大臣造册带来。

八旗大臣遂分路前往，至各屯堡大事杀戮。书生几被杀绝。

努尔哈赤之子皇太极即位后深以为憾，查出屠余书生按明制考取三百秀才，各配男丁二人免除赋役。此是后话。

努尔哈赤老了，进入了暮年，常常屏退亲随，独自全身披挂，在无垠的旷野勒马伫立。一连几个时辰一动不动。他看着远方的天边，久久地凝望。

他看到了什么？鸿蒙浩瀚的长空，了然无痕。

他没有看到鲲鹏。

他看到的是乌鸦。那张开翅膀飞向太阳，黑亮羽毛同太阳一起发出金黑墨绿光芒的乌鸦。

努尔哈赤似在处理后事。

后金天命六年（明天启元年，公元一六二一年）正月，努尔哈赤召集代善、阿敏、莽古尔泰、皇太极四大贝勒及德格类、济尔哈朗、阿济格、岳托（代善长子）等子侄长孙，对天焚香发誓，道：

> 今祷上下神祇，吾子孙中纵有不善者，天可灭之，勿令刑伤，以开杀戮之端。如有残忍之人不待天诛，遽兴操戈之念，天地岂不知之？若此者亦当夺其算。昆弟中

若有作乱者，明知之而不加害，俱怀礼义之心，以化导其愚顽，似此者天地佑之。俾子孙百世延长，所祷者此也。自此之后，伏愿神祇不咎既往，唯鉴将来。

表达了努尔哈赤渴望求得天地祖宗的宽恕、毋将同室操戈、骨肉相残的祸患加于子孙的复杂心理。

后金天命七年（明天启二年，公元一六二二年）三月，努尔哈赤召集八旗旗主代善、阿敏、莽古尔泰、皇太极、德格类、济尔哈朗、阿济格、岳托等人，宣布了今后八和硕贝勒共治国政的办法。清史专家刘小萌将其归纳如下：

其一，继父为国主者，毋以强势之人为之，恐以其人为国主，恃力妄为，获罪于天。且一人之识见何能及众人之议？以尔等八子为八王，八王共议，庶可无失。八王视不拒尔等之言者继尔等之父为国主。若不纳尔等之言，不遵善道，八王可将所任之汗易换，另择不拒尔等言语之贤者任之。

其二，尔等八王共理国政时，若一人有得于心而言，另外七人当会其意而发明之，若己不能会意又不能发明他人之所得，惟缄默无语，当以在下子弟代之为王。

其三，遇事他往，议告众人而行，毋行未议之事。若聚尔等八王所任国主之所，一二人毋聚，当众人毕集合议治理国事。

其四，八王合议，设诸申（女真）大臣八，尼堪（汉人）大臣八，蒙古大臣八。其下设诸申理事官八，尼堪理事官八，蒙古理事官八。诸理事官审理后告于诸大臣，诸大臣议定后呈上八王，所定之罪由八王定夺。八王当退奸恶进忠直。八王前，设诸申巴克什八，尼堪巴克什八，蒙古巴克什八。

其五，国主于每月初五、二十日两次升殿，初一晨起往堂子叩首，向渥撒库（家内神）叩拜，尔后国主亲向诸叔诸兄叩首毕，始升汗座。汗本人与受己叩首诸叔、诸兄一处同座，受众人叩拜。

其六，汗父所定八分所得外，若贪得一物、贪隐一次，当停其一次应得之份；若隐二次，停其两次应得之份；若隐三次，当将其应得之份永革。但得一物，八家均分公用，毋得分外私取。

如前述，努尔哈赤最先设议政会议，以和硕贝勒（即各旗旗主）为核心的众贝勒大臣执政。建立后金后，命代善、阿敏、莽古尔泰、皇太极四大贝勒"共理机务"；后又命四人"按月分值"，轮流执掌国政，逐渐形成八和硕贝勒（八旗旗主）分权共治的局面。努尔哈赤不能料想日后八和硕贝勒能否和衷共济，八和硕贝勒也不约而同向汗父努尔哈赤发出询问：

天予之政何以底定，天赐之福何以永承？

努尔哈赤确定八和硕贝勒共举国主、共议国政的做法，试图阻止诸子势同水火的储位之争，回答“天赐之福何以永承”的问题。

后金天命九年（明天启四年，公元一六二四年）四月，努尔哈赤命族弟多毕等人前往故乡赫图阿拉老城迁陵，将他祖父母、父母、妃，还有弟弟舒尔哈齐的灵柩迎到东京改葬。在杀牛祭奠、焚告天地祖宗的同时，在内心深处向他的弟弟舒尔哈齐表示了歉意和负疚。

后金十年（明天启五年，公元一六二五年），努尔哈赤又对诸贝勒道：

我宗室中有拜者户、胡星刚两位兄长，昔日惟知增忧于我，与我为敌。又有乌拉部岳母（海西女真乌拉贝勒满泰妻、努尔

> 哈赤妻阿巴亥之母）、叶赫部岳母（海西女真叶赫贝勒杨吉努妻，努尔哈赤妻孟古之母），皆挑唆其夫、子与我为仇，有何益于我哉？虽如此，受敬之礼不可废。

努尔哈赤将两位族兄、岳母、孟古之姨以及叶赫贝勒布占泰、金台石之妻一同请入宫中共贺正旦。努尔哈赤率领诸妃面向坐于上座的二族兄、四老妪行家人礼。入席后，六十七岁高龄的努尔哈赤又跪着斟满酒杯，令人送到二兄与四妪面前。

人之将死，其言也善；鸟之将亡，其鸣也哀。努尔哈赤预感到什么呢？

后金天命十一年（明天启六年，公元一六二六年）正月，努尔哈赤再披征袍，亲率诸贝勒大臣，统兵五六万，号称二十万，往攻明孤城宁远。

在宁远，努尔哈赤遇上了生平第一个对手——袁崇焕，以及明军购自西洋、列于城上的十一门“红衣大炮”。

时宁远守军不满两万。袁崇焕前临强敌，后无援兵，他临危不惧，集将士刺血为书，激以忠义，众将士无不感奋，誓死守城。他调兵遣将，画地分守，使之相互应援；又坚壁清野，将城外房屋付之一炬，百姓尽迁入城，而后编派民夫，供应饮食，严查奸细。宁远军民上下同仇敌忾，众志成城。

二十三日，努尔哈赤大军抵达宁远城下，先放被掳汉人入城，劝降道：

> 吾以二十万兵攻此城，破之必矣！尔众官若降，即封以高爵。

袁崇焕凛然作答：

> 义当死守，岂有降理！

话声未落，素习西洋大炮的家人罗立，先向金军大营燃放一炮。只听震天价一声巨响，黑烟红焰之中数十名八旗兵毙命。

努尔哈赤命移营西向，明日攻城。

二十四日晨，大战在即。袁崇焕泰然自若，与幕僚数人相与闲谈。敌报至，袁崇焕到敌楼，又与下属论古谈今。既而八旗步骑战车钩梯蜂拥仰攻，万矢齐射城堞，箭如雨注。城上明军西洋大炮发威，每炮所中，八旗兵人仰马翻，死伤累累。

努尔哈赤遂命转攻城南，于城门角两台间火力薄弱处凿城。八旗兵在楯车和弓箭手掩护下，顶着炮火，奋力用斧凿城，将城墙凿开数处，因天寒地冻，城墙得以不倒。八旗兵藏匿深处挖掘，城上炮火、弓箭、飞石都不能及。袁崇焕见状危急，厉声道：

偷息以生，复何乐也！

言毕，身先士卒，亲自挑土担石堵塞缺口，明兵士气大振。有一明将用褥单卷火药制成“万人敌”，一个火星即能燃爆。守兵纷掷城下。八旗兵见被褥遍地，急趋争抢，城上即以火箭、硝黄等掷射，大火腾空而起，八旗兵扑之愈炽，火星所及，无不糜烂。守军又自城堞间推出木柜，半在堞内，半在城外，柜中伏甲士，向下掷射矢石，土石俱扬，大炮轰鸣，火光中八旗人马腾空，纷纷乱堕。战至二更，努尔哈赤不得不停止攻城，大挫而退。

翌日，努尔哈赤挥师再战。八旗兵惧利炮，无敢近城者。伤亡比前日更大。城下死尸被抢出，运至西门外各砖窑，拆民房焚化，股股黄烟裹着烧焦死尸的恶臭壅空蔽野。

又是两日一夜的浴血鏖战。整整三天，战事毫无转机，宁远孤城仍傲然屹立在战火中。

努尔哈赤在愤懑已极中紧张思索：八旗兵习于野战不善攻坚，又是以劳赴逸，是自己犯了骄兵必败、以短击长的兵家大忌，现军心畏敌，已无力再战……他长身而立，四面观察，欲找到一个可能突破的缺口。忽然，他见海中觉华岛（今辽宁省兴城县东南菊花岛）方向有烟火，且冰坚可渡，即刻命令蒙古勇士武讷格率八旗蒙古、八旗满洲八百兵往攻。

觉华岛正是关外明军军需粮草屯集地。守军环岛凿冰十五里为壕，卫以车楯。不料风雪严寒，冰开复合。八旗兵至，守军寡不敌众，“四营尽溃”，“船二千余只及粮草千余堆”俱被焚，千余兵被杀，岛上商民亦遭屠戮，几无噍类。

努尔哈赤总算找回了些许面子，二十七日，撤围回师。

时努尔哈赤已六十八岁。败归途中，袁崇焕遣一使追至，献上礼物谢曰：

> 老将横行天下久矣，今日见败于小子，岂其数耶？

左右怒目按剑突出，努尔哈赤沉声喝退左右。

仍具礼物及名马回谢，请约再战之期。

这是努尔哈赤四十三年戎马生涯中，第一次失利。

回到沈阳后，他对诸贝勒大臣郁郁道：

朕自二十五岁征伐以来，战无不胜，攻无不克，独宁远一城不能下耶！

宁远之败，使努尔哈赤图南受阻，成为他终身的遗恨。

他转而为自己身后担忧：

我子中果有如我之尽心为国者乎？我臣中果皆勤于政事者乎？

他想起一句老话：

一人善射而十拙随而分肉。

不由发出撕心裂肺的浩叹：

贤人治理之国而汝坐享之，英雄阵获之物而汝坐分之。

年近七十的努尔哈赤难以承受宁远之败的打击

和耻辱，难以承受无穷无尽失望、痛苦、懊丧、迷茫的折磨。他忧愤成疾——本已身负重伤又突发痈疽，于七月三十日往清河温泉疗养。不料病势急转直下，八月初七日乘舟返回。同时急召大福晋阿巴亥往迎，二人会于浑河。八月十一日日落之时，努尔哈赤在离沈阳四十里的叆鸡堡病逝。

浑河的水静静流着。

一轮如血的落日，衬着点点南飞的鸦群。

图书在版编目（CIP）数据

重读努尔哈赤 / 张研 著．—北京：东方出版社，2014.12
ISBN 978-7-5060-7917-4

Ⅰ.①重…　Ⅱ.①张…　Ⅲ.①努尔哈赤（1559 ~ 1626）—生平事迹
Ⅳ.① K827=49

中国版本图书馆 CIP 数据核字（2014）第 001406 号

重读努尔哈赤
（CHONGDU NUERHACHI）

作　　者：张　研
责任编辑：戴燕白
出　　版：东方出版社
发　　行：人民东方出版传媒有限公司
地　　址：北京市东城区朝阳门内大街 166 号
邮政编码：100706
印　　刷：三河市金泰源印务有限公司
版　　次：2015 年 1 月第 1 版
印　　次：2015 年 1 月第 1 次印刷
开　　本：630 毫米 ×950 毫米　1/16
印　　张：14
字　　数：110 千字
书　　号：ISBN 978-7-5060-7917-4
定　　价：32.00 元
发行电话：（010）64258117　64258115　64258112